上海市职业教育"十四五"规划教材

职业教育公共基础课教材

i教育·融合创新一体化教材

人际沟通与礼仪

（第五版）

主　编◎姜晓敏　张子卓
副主编◎谢富敏

微课版

华东师范大学出版社
·上海·

图书在版编目(CIP)数据

人际沟通与礼仪/姜晓敏,张子卓主编. —5版. —上海：华东师范大学出版社,2023
ISBN 978-7-5760-4626-7

Ⅰ.①人… Ⅱ.①姜…②张… Ⅲ.①人际关系学-高等职业教育-教材②社交礼仪-高等职业教育-教材 Ⅳ.①C912.1

中国国家版本馆 CIP 数据核字(2024)第 019491 号

人际沟通与礼仪(第五版)

上海市职业教育"十四五"规划教材
职业教育公共基础课教学用书

主　　编	姜晓敏　张子卓
责任编辑	何　晶
责任校对	李琳琳
装帧设计	庄玉侠

出版发行	华东师范大学出版社
社　　址	上海市中山北路3663号　邮编 200062
网　　址	www.ecnupress.com.cn
电　　话	021-60821666　行政传真 021-62572105
客服电话	021-62865537　门市(邮购)电话 021-62869887
地　　址	上海市中山北路3663号华东师范大学校内先锋路口
网　　店	http://hdsdcbs.tmall.com
印刷者	上海崇明县裕安印刷厂
开　　本	787毫米×1092毫米　1/16
印　　张	13.25
字　　数	300千字
版　　次	2024年6月第5版
印　　次	2024年12月第2次
书　　号	ISBN 978-7-5760-4626-7
定　　价	36.00元
出版人	王　焰

(如发现本版图书有印订质量问题,请寄回本社客服中心调换或电话021-62865537联系)

出版说明

本书是上海市职业教育"十四五"规划教材、职业教育公共基础课教材。

本书收录的案例故事生动有趣,文字表达明快简洁,表现形式灵活多样。强化实践、重视能力培养,与学生的认知能力相适应。

除简明、生动的正文之外,书中还设计了一些小栏目:

小思考: 引发学生进行分析、思考的问题。

技能训练: 针对学生必须掌握的技能要求,展开课堂演练。

我思我悟: 给予学生自我审视和自我总结的空间。

画龙点睛: 知识重点的汇总,以精练的语言表述深意。

测一测: 相关测试,可作为学生审视自我的参考。

第五版教材在上一版的基础上对知识点进行了梳理与扩充,对个别内容重新作了设计与调整,归纳出各章节的思维导图,使教材的知识体系更具完整性和系统性,也更符合教学的实际。同时对案例也作了更新并引入大量微课视频,使教学更具时代性,与时俱进。

本书相关资源请至 have.ecnupress.com.cn 中的"资源下载"栏目,搜索关键词"人际沟通与礼仪"进行下载。

本书可以为学生的日常人际交往和职业生涯提供非常有意义的指导,相信这样一本教材对学生的就业与发展也能产生积极、有益的作用。

华东师范大学出版社
2024 年 6 月

前 言

一份关于职业教育毕业生就业情况的调查报告显示：许多用人单位对应届毕业生的适应能力、沟通能力、礼仪素养的要求要高于专业技能。然而，目前许多学生往往只重视专业技能的学习，却忽视了沟通能力和礼仪品质的培养，而这一点恰恰影响到了毕业生的就业水平。也许你自己也认识到了培养沟通能力和礼仪素养的重要性，想要通过阅读自学来提高自己这方面的能力与素质，这时你会发现市面上沟通与礼仪方面的书籍可谓是铺天盖地，让人眼花缭乱，可要找到一本适合自己阅读的书籍却很困难。也正是在这样一种形势下，我们开始了《人际沟通与礼仪》这本教材的编写工作。

希望这本《人际沟通与礼仪》能够引导你认识到沟通的科学性与艺术性，培养你的沟通能力和礼仪素养，使你能够和父母、同学、老师快乐相处，成为一个受欢迎的人。在不久的将来，你将踏上工作岗位，希望《人际沟通与礼仪》为你的职业生涯提供有意义的指导，使你与领导、同事同样可以和谐相处。

这本教材放弃了传统理论教材枯燥乏味的说教模式，以"小故事大道理"的形式，寓教于乐，深入浅出，生动活泼，给予同学们充分展现自我的机会。在人际沟通与礼仪的课堂上，你将会感受到学习的快乐。

《人际沟通与礼仪》由姜晓敏、张子卓担任主编，并负责本书大纲的制定与策划。谢富敏担任本书的副主编，负责内容的统稿工作。第一章由谢富敏编写，第二章、第六章由徐菊红编写，第三章由邹颖、周杨寅编写，第五章由邹颖和钱荣林共同编写，第四章、第七章由汪蕴慧编写。本次改版由张子卓统筹并参与编写，同时对各章节案例进行了修订。同时，感谢孙明和曹国跃对本书编写提出的宝贵建议。

编　者

2024 年 6 月

目 录

▶ 微课视频

历史上有关名人沟通的故事　10

第一章	沟通——开启成功的钥匙	1
第一节	感悟沟通	3
第二节	沟通的力量	11
第三节	人际沟通的原则	16

▶ 微课视频

社交场合中的"六不问"　29

与眼神有关的礼仪　47

第二章	塑造有效的沟通风格	25
第一节	善于提问	27
第二节	认真倾听	31
第三节	用心说话	39
第四节	巧用肢体语言	46

▶ 微课视频

职业盘发小技巧　63
职场男士如何正确穿西装　68
站出精神　72
坐出优雅　73
走出风采/蹲姿得体　74
刀叉礼仪/餐巾礼仪　84
乘车礼仪　86
电梯礼仪　87
握手礼仪　90
网络交往需谨慎　93

第三章	举止得体让你更具风采	55
第一节	聚焦礼仪——礼仪概述	57
第二节	秀出自信——仪容礼仪	62
第三节	学会装扮自己——仪表礼仪	66
第四节	展现美好体态——体姿礼仪	71
第五节	生活处处显风采——生活礼仪	76
第六节	畅游网络世界——网络沟通礼仪	92

第四章　成就沟通的素养　　　　　　　101

第一节　胸无点墨，怎能谈吐不凡　　103
第二节　锤炼你的语言魅力　　　　　108
第三节　陶冶你的高尚情操　　　　　113
第四节　培养良好的心理素质　　　　119

第五章　让自己更受欢迎　　　　　　　133

第一节　你所扮演的角色　　　　　　135
第二节　自我介绍的艺术　　　　　　138
第三节　与父母的相处之道　　　　　141
第四节　与老师的相处之道　　　　　144
第五节　与同学的相处之道　　　　　150

▶ 微课视频

橱窗分析法　137
8个小技巧让父母
更懂你　　　144

第六章　应对自如，驰骋职场　　　　　159

第一节　求职必胜，做个职场赢家　　161
第二节　赢得上司欣赏　　　　　　　170
第三节　同事间和谐相处有奥妙　　　176

第七章　双赢解决冲突问题　　　　　　185

第一节　管理好情绪，减少冲突　　　187
第二节　解决冲突　　　　　　　　　192

第一章
沟通——开启成功的钥匙

本章引言

美妙的沟通比音乐更能启迪你的智慧、抚慰你的心灵,使你收获财富与安慰!
美妙的沟通比美酒更能振奋你的精神、激发你的想象,使你收获快乐与成功!
快乐从沟通开始! 成功从沟通开始!

知识目标

1. 说出沟通的定义;
2. 记住沟通的基本特征;
3. 归纳人际沟通的障碍。

能力目标

能在人际交往活动中遵循沟通的原则。

情感目标

体会到人际交往中沟通的重要性。

思维导图

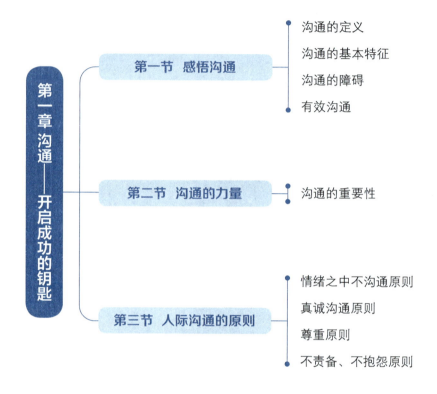

第一节
感悟沟通

来到人世的新生儿无不努力地吸入第一口空气以打开肺泡,发出引人注意的哭声,向世界宣告他的到来。小婴儿只需用哭声,便可以表示吃、喝、拉、撒、睡等基本需求。然而,随着年龄的增长,孩子要表达的内容就不只是这些基本需求了。在家里,他要和父母沟通以决定是服从父母的意愿还是按自己的意愿去做事情;在学校,他要与老师、同学沟通,以获得老师和同学的信任;在社会,他要与同事、服务对象沟通以完成自己的工作目标。由于我们每天都在不停地与周围人沟通,所以我们经常将沟通认为是理所当然的事,而忽略了其中的复杂性,以至于我们经常发出这样的感叹:"我怎么就不被别人理解呢?"希望通过这一节的学习能够帮助你初步认识沟通的内涵,以更开阔的视野来看待人际沟通。

读一读

有一个秀才去买柴,他对卖柴的人说:"荷薪者过来!"卖柴的人听不懂是什么意思,但是能听懂"过来"两个字,于是把柴挑到秀才面前。

秀才问他:"其价如何?"卖柴的人还是听不太懂这句话,但是听得懂"价"这个字,于是就告诉了秀才价钱。

秀才接着说:"外实而内虚,烟多而焰少,请损之。"卖柴的人因为完全听不懂秀才的话,于是只好挑着柴禾离开了。

小思考

为什么卖柴的人错失了这桩生意?从这个故事里我们可以感悟到什么道理?

....
....
....

沟通是一门艺术,无论在古代还是在现今,沟通都是影响一个人生活品质的重要因素。

有些同学可能说:"沟通谁不会,我们每天不都在沟通吗?"但你是否也遇到过类似下面故事中的情形呢?

读一读

亮亮走进餐馆,点了一份汤,服务员马上给他端了上来。服务员刚走开,亮亮就嚷嚷起来:"对不起,这汤我没法喝。"

服务员重新给他上了一份汤,他还是说:"对不起,这汤我没法喝。"服务员只好叫来了经理。经理毕恭毕敬地朝亮亮弯腰示意,问:"先生,这道菜是本店的招牌菜,深受顾客欢迎,不知是哪里不合您的胃口呢?"

"我是说,汤勺在哪里呢?"

小思考

为什么服务员和经理都误解了亮亮的意思?

....
....
....

由于我们认为沟通是"极其平常的事情",就像呼吸空气一样自然,以至于我们忽略了它的复杂性,最后导致沟通受阻乃至失败。

从这个故事中我们可以看出,沟通不仅是一门艺术,而且还是一门科学。沟通的艺术性需要训练才能登峰造极,沟通的科学性需要学习才能了如指掌。那我们就先认识一下什么是沟通,看看它和你以往的认知有什么差别。

一、沟通的定义

有关沟通的定义实在是众说纷纭。由于每个人在社会上扮演的角色不同,对沟通的理解不同,对沟通的定义也就不同。我们这里归纳出三种典型的定义。

管理学认为:	传播学认为:	组织行为学认为:
沟通是为了一个设定的目标,把信息、思想和情感,在个人或群体间传递,并且达成共识的过程。	沟通是用语言交流思想。	沟通是人们进行思想或情感的交流,以此取得彼此了解、信任并建立良好人际关系的活动;同时,沟通又是保证人们在共同活动中协调一致的基础。

每个定义都透露出沟通过程的某些属性,同时每个定义由于目的不同而各有侧重。由于管理者非常重视工作目标的实现,所以管理学家把沟通与目标紧密相连;组织行为学家研究的主要是人际关系,因此,他们把沟通与人际关系紧密相连;传播学者强调的是意念在公众当中的传播,所以认为沟通是一种思想的交流。

尽管沟通的定义各有侧重,但都包含了沟通的基本特征,因此,我们就沟通过程所具有的最基本的特征,给出沟通的定义。

沟通是由信息的发射、传递、接收、反馈所构成的有意义的互动过程。

读一读

小易没有认真学习课文。下课后,老师对他说:"小易,不弄懂课文可不行!这样吧,咱们把这篇课文抄十遍。"

第二天,小易把抄好的课文交给老师。老师一看,问道:"怎么,你只抄了五遍?""咦?老师,是您自己说'咱们把课文抄十遍',那就应该是我抄五遍,您抄五遍呀。"老师顿时觉得哭笑不得。

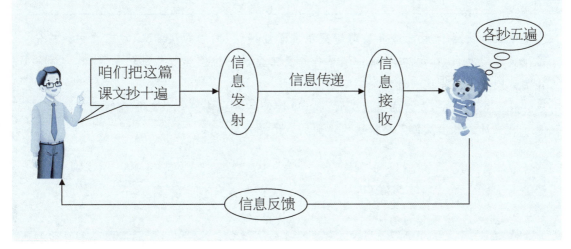

1. 信息的发射

信息的发射隐含着对所发射信息进行编码的过程,也就是我们平时所说的表达。前面的故事中,小易的老师为信息的发送者,他要发送一条让小易抄写十遍课文的信息,他把这样一条信息经过大脑加工编码为:"小易,不弄懂课文可不行!这样吧,咱们把这篇课文抄十遍。"然后面对面地把这条信息传递给了小易。

2. 信息的传递

信息是采用一定的方式,通过一定的渠道传递给接收者的。信息传递的渠道一般有面对面、电话、演讲、会议、网络通信等。信息传递的方式有口头语言、书面语言和肢体语言三种方式。小易的老师通过面对面的渠道、以口头语言的方式把信息传递给小易。

3. 信息的接收

信息的接收都隐含着对所接收到的信息进行解码的过程,故事中小易把接收到的信息解码为"咱们各抄五遍"。

4. 信息的反馈

信息的反馈是信息接收者把对信息的解码传递给信息发射者的过程。在没有得到反馈之前,我们无法确认信息是否被有效地编码、传递和解码。反馈的信息不一定是语言,它也可以是一个动作、一个表情、一个眼神等,故事中小易给老师的反馈则是只抄了五遍课文。

5. 有意义的互动过程

所谓有意义的互动过程,是指沟通行为的意图、内容被赋予了重要性。意图是指沟通的目的,内容是指想要沟通些什么。重要性是指沟通的价值,沟通的价值也就是沟通的重要性。

> **技能训练**
>
> 中秋节快到了,由于今年公司超额完成了业绩指标,领导很高兴,决定在中秋节给每个员工奖励5000元,并把这一消息告知员工。请一位同学作为部门领导,其他同学作为部门员工演绎这一过程。
>
> 在这个情景中,发射的信息是什么?通过哪种方式传递?员工正确解码领导的信息了吗?员工做出反馈了吗?这次沟通的目的是什么?
>
> ....
> ....
> ....

二、沟通的基本特征

1. 沟通的目的性

任何人发起的沟通过程都是有目的的。不管对方是否知道确切的目的,不管发起者能否达到自己的目的,都不能忽略沟通所具备的目的性。也就是说人们都是有目的地进行沟通,想要通过沟通达到自己的目的。秀才与卖柴人沟通的目的是想购买柴禾以备过冬,老师和小易沟通的目的是让小易能通过抄写弄懂课文。

2. 沟通的双向性

从沟通的过程看,一次完整的沟通应该是双向的,信息的传递者总是带着一定的目的来传递信息。对方接收到信息了吗?接收了多少信息?接收信息的一方解码是否准确?想要知道这些,只有通过反馈才能实现,并在连续反复的沟通过程中,不断修正解码,最终达到正确解码。

技能训练

(1) 先听老师念题:请在下面的横线上填上 A、B、C。

要求:①不准问老师任何问题;②可以问一次问题;③可以随意问问题。看看各自结果如何。

....
....
....

(2) 撕纸游戏:道具是人手一张的空白 A4 纸。

要求:同学们闭上眼睛,先将纸的一角撕去后对折,再撕去另一个角,再对折,再在一个角撕去一个正方形,再对折……相似的步骤反复数次后,老师让大家睁开眼睛打开折纸,学生对比一下各自的"作品"。

继续玩撕纸游戏,这时同学们可以随意问问题,看看结果如何。

三、沟通的障碍——影响沟通的五大因素

在职场中有很多工作需要充分沟通。确立目标,达成共识需要沟通;明确职责,分工协作需要沟通;工作汇报,意见交流仍然离不开沟通。沟通障碍往往会造成项目多次返工,事倍功半,严重时会酿成不可挽回的损失,甚至整个项目的失败。

沟通是一个双向互动的过程,无论是信息发出者和接收者的主观原因,还是外在的客观因素,都会导致双方无法就某一信息共享或达成一致的认识,造成沟通的失败。

读一读

一家饭店新招了一名服务员,今天是第一天上班,中午饭店来了一拨食客。在服务员招呼他们一桌落座后,为首的客人道:"服务员,茶(查)!"

服务员开始数人数:"1、2、3、4、5、6、7、8、9、10。"然后回答:"十个。"说完侍立一旁。

等了一会,客人见茶还没有上来,又喊:"服务员,倒茶(查)!"

服务员倒着数了一遍人数:"10、9、8、7、6、…1。"答道:"还是十个。"

客人感觉很纳闷,问:"我让你倒茶,你数(属)啥?"

服务员脱口而出:"我属马"。

> **小思考**
>
> 这位客人与服务员在沟通过程中出了什么问题?
>
> ....
> ....
> ....

1. 情绪因素

由于身体状况、家庭问题、人际关系等因素而导致的情绪不稳定,波动大,从而影响沟通的正常进行。

其表现有:①精神不集中。倒不一定是对对方的话题不感兴趣,而是仍沉浸在刚刚发生的事情里,或担心着其他的事情,没有把注意力转移到当前谈论的话题上来。②过分怯场、胆怯。由于不自觉的紧张、慌乱,没有充分理解别人的意图,反而给对方留下了不好的印象。

2. 表达因素

说话的语气令听众反感。高高在上的姿态、带着讽刺意味的挖苦、严厉且不加任何铺垫的批评,都会令对方感到难以接受,即使发言人的观点是对的,谈话也会不欢而散。

在沟通中选择不合适的媒介来传递信息。选择合适的媒介不等于一定要选择最为便捷的,要视双方的地理位置、所处的场合而定。一般而言,面谈是最好的方式,可以进行及时的互动、反馈,还可以从对方的身体语言、面部表情来洞察对方的想法,改变谈话的方式或策略。

3. 个人因素

因为世界是多元的,所以每个人的成长背景、性格、人生经验、教育程度、文化水平、价值观念是不同的,容易导致不同人对同一信息产生不同的理解。这样的情况下,求同存异是比较好的做法。

4. 环境因素

在沟通过程中,选择不适当的时间、地点等,都会直接影响信息的发送。譬如在午休的时间谈论下一步的工作计划,在大办公室里谈论薪酬问题,都是不合适的。

5. 文化因素

例如,麦当劳刚刚进入中国市场的时候,曾经有一段时间,员工的工作效率非常低,他们消

极怠工,满腹牢骚。经过反复调查和沟通,员工终于说出了自己的心里话。他们认为麦当劳的老板们太"抠",中午的午餐每人只给一个汉堡,再加一包薯条和一杯可乐,而且汉堡还不是"巨无霸"。而这实际上是由于文化差异产生的障碍,在很多西方国家,人们的工作午餐就是一个汉堡、一个热狗,不像在中国会有那么多丰富的午餐选择,这就是东西方文化上的差异造成的。

四、有效沟通

"有效"一词在汉语词典中的解释是达到了预期目的。所以,有效沟通是指实现了预期目的的沟通。

沟通的预期目的又是什么呢?

> **读一读**
>
> 有甲乙两人去跟师父修禅,两个人都很刻苦,但是两个人都觉得很辛苦,因为被要求远离一切电子产品。
>
> 因为师父很严格,所以两个人一直熬着,终于有一天两个人都熬不住了,就约定分别向师父请求准许他们玩手机。甲先去向师父提请,结果被师父体罚。乙后去向师父提请,结果师父批准。
>
> 甲觉得奇怪,为什么师父会偏向乙?乙就问甲,你是怎样问师父的,甲说:"我问师父,修禅的时候,是否可以玩手机?"乙说:"你这样问师父,当然要罚你了。"乙说:"我问师父,玩手机的时候,是否可以修禅?"师父说:"当然可以!"

这就是沟通的奥妙,沟通的时候,一定不要直白地说出自己的目的,而要以对方的诉求为出发点,只有这样才能达成双方都满意的结果。

这个故事告诉我们沟通是为了达成共识,不是纯粹为了表达你想做什么。当你基于共同的目的去做沟通时,这个沟通是会达成共识的。但是如果只是单方面沟通你想做的事情的话,虽然你的目的可能是对的,但得不到共识,这件事就做不成了。

切忌认为有效沟通就是让他人来认同我们的想法及目的,或是希望别人照我们的意思去做。如果是这样,沟通就要受到限制了。事实上,这也是大部分人产生沟通障碍最主要的原因。你想要别人认同你的想法和做法,别人当然也希望你认同他的做法和想法,但问题是双方的想法和做法本来就存在差异。你不断地想告诉他人你的观念是对的,别人也不断地想让你接受他的想法没有错;公说公有理,婆说婆有理;你有你的目的,别人也有别人的意图;不是你吃亏,就是他占便宜;即使别人被你说服了,也是心不甘情不愿的。有人会说:我管他是否心甘情愿,只要达成我的目的就好了。这难道就是高明的沟通方式吗?一个人在心不甘情不愿的状态下所做的事,你认为他就不会随时反悔吗?他可能很难尽心尽力去做,甚至一有机会就想"收复失城"。

> **技能训练**
>
> 如果你是那位客人,你将如何与服务员进行沟通?

读一读

一天的紧张学习终于结束了,惜惜像往常一样打开电视机,收看她最喜爱的电视节目。母亲说话了:"马上就快期末考试了,你怎么还看电视?"惜惜说:"难道因为期末考试,我就不吃饭了?"惜惜和母亲就这样针尖对麦芒地争论起来。回到自己的房间后,惜惜拨通了好朋友芳芳的电话……

显然母亲和惜惜的沟通失败了,母亲没有达到让女儿放弃看电视而去学习的目的,她们双方没有取得理解、认同。

惜惜的母亲没有好好和女儿沟通,而是责问式地希望女儿按照自己的意思去做,犯了沟通的大忌。有效沟通是指在双方不断的交流过程中,通过相互了解、理解,最终在思想上取得认同。

拓展学习

历史上有关名人沟通的故事

技能训练

1)一个人扮演惜惜的妈妈,一个人扮演惜惜,试试怎样沟通才能达到预期效果?

....
....
....

2)一个人扮演惜惜,一个人扮演芳芳,你们将会怎样沟通?

....
....
....

我们经常会听到这样的话:"喂,沟通得怎样?"这里的沟通只是一个动词,表示沟通过程的交流,并没有表示出沟通的结果。本书中所提及的沟通都是指有效沟通。

我思我悟

我的收获与感悟:

....
....
....

画龙点睛

沟通是一门艺术,也是一门科学。

第二节
沟通的力量

美国石油大王洛克·菲勒说过:"假如人际沟通的能力也是同糖或咖啡一样的商品,我愿意付出比太阳底下任何东西都昂贵的代价来购买这种能力。"由此可见沟通的重要性。

今天,沟通和健康、知识一样,成为人们提及最多的名词之一。沟通就像空气和阳光,是我们生命中不可缺少的元素。事实证明:善于沟通的人将面临更多成功的机会。

读一读

一个新组装好的小钟放在了两个旧钟当中。两个旧钟"滴答"、"滴答"一秒一秒地走着。其中一个旧钟对小钟说:"来吧,你也该工作了。可是我有点担心,你走完三千二百万次以后,恐怕便吃不消了。""天哪!三千二百万次。"小钟吃惊不已,"要我做这么大的事?办不到,办不到!"另一个旧钟说:"别听他胡说八道。不用害怕,你只要每秒滴答摆一下就行了。""天下哪有这样简单的事情。"小钟将信将疑,它尝试着每秒钟"滴答"摆一下,觉得还挺轻松的。"如果这样,我就试试吧。"不知不觉,一年过去了,它摆了三千二百万次。

小思考

是什么让小钟最后完成了它的工作?

....
....
....

两个旧钟的提示分别对小钟有什么影响?
....
....
....

这个故事给我们揭示了一个什么道理?
....
....
....
....

一、沟通——满足心灵的需求

在你的生活中是否有过这样的感受——当你受到委屈时,会想找人倾诉;当你取得成功时,会渴望有人与你一起分享。你希望有人能够倾听你的想法和感受。人为什么会有这种需求呢?

心理学认为人是一种社会性动物,人与人之间的沟通就像我们需要食物、水、住所等一样重要。如果人失去了与其他人沟通的机会,大都会出现一些症状,譬如产生幻觉、丧失运动机能,变得心理失衡等。由于人的性格和受教育程度不同,心理失衡的表现也就不同。有些性格内向的人不愿意表露自己内心的不满和失望,久而久之,便会出现抑郁症的倾向。但山居隐士自愿选择遁世绝俗,则是一种例外。当我们了解这一点之后,在生活中我们要主动和别人交流,一则满足自己对沟通的需求,二则也是满足他人对沟通的心理需求,我们会因满足彼此互动的需求而感到愉快与满意。

技能训练

小丽原本是一个活泼开朗的女孩,喜欢唱歌跳舞,可是一次意外的交通事故让她永远失去了一条腿,她再也无法自由自在地跳舞,也不能自信地面对同学和老师,不愿参加任何社交活动,甚至发展到不愿意去学校上课。

如果你是小丽的同学,你会如何和小丽交谈,让她重新获得自信,勇敢面对未来的生活,和从前一样珍惜自己、爱惜自己呢?

....
....
....

二、沟通——建立和谐人际关系的桥梁

好人缘是成大事者的必备条件之一。美国前总统罗斯福说过:"成功公式中最重要的一项因素是与人相处。"建立人际关系靠什么?记得有一首歌这样唱:"人与人之间一条河,此岸是我,彼岸是你,莫道人间有距离……"是的,人与人之间就像一条河,由于有了沟通,我们才能从此岸到达彼岸,建立起与他人的关系。

我们经常会听到这样的话:"领导为什么喜欢他,还不是因为他能说会道。"这也从一个侧面告诉我们,沟通是建立良好人际关系的基础。通过沟通,你可以了解别人,和别人建立各种不同的关系,有的是朋友,有的是工作伙伴,有的是同窗好友,有的是爱人,关系的远近亲疏都得依赖沟通的结果来作为判断的标准。

在人生的长河中,沟通使我们拥有了亲情、友情、爱情,我们因此生活着、幸福着;沟通使我们拥有了真诚合作的工作伙伴,帮助我们实现了一个又一个工作目标,我们也因此工作着、快乐着。

技能训练

> 她是我升入初中以来第一位挚友,我俩学习都很好、爱好也相同,就连有时说话都异口同声,我曾把她当作我最好的朋友、永远的朋友。然而,我们却吵架了,吵架的原因我们彼此都莫名其妙。之后,我们之间的友谊似乎出现了一道鸿沟,好难跨过……我知道,我俩的友谊还在,就像藕断丝连,我不想眼睁睁地看着友谊之花凋谢,我不相信友谊会是这么脆弱,我真想让友谊之花重新绽放。但我无奈,我悲伤,虽然我表面装出不理不睬的样子,可内心很痛,仿佛在滴血。
>
> 如果你是故事中的"我",你会怎样去跨越这道"鸿沟"呢?

三、沟通——有效决策的基础

我们经常在电视中看到这样的情景:公安局正在召开紧急会议,研究抓捕嫌犯的方案。

小思考

为什么不是案件负责人直接拍板定下行动方案?

对于每个人而言，我们一生中需要作出大大小小许多决定，譬如决定吃什么、穿什么、考什么学校、和什么人交往、找什么工作等。有些决定无关紧要，做错了也没有什么大碍，有的决定却很重要，一旦做错了，就会影响你的一生。但是一个人所掌握的信息是有限的，一个人的智慧也是有限的，我们可以通过沟通促进信息的交换，启迪彼此的智慧，为正确的决策或决定打下基础。"三个臭皮匠，顶个诸葛亮。"这句经典名言说的正是这个道理。当我们了解到这一点后，在日常学习和生活中遇到难题时，大家就应及时沟通，一起探讨解决问题的办法。

对于一个组织而言，著名管理学家西蒙曾提出了"管理即决策"的思想，而决策的过程就是信息交流和决定的过程。决策必须达成共识，达成共识必须借助有效沟通。通用电气公司CEO伊梅尔特在谈怎样支配自己的有效工作时间时曾说过："我差不多有30%到40%的时间在跟人打交道、进行交流、沟通，这是CEO非常重要的一个工作。"沟通有助于改进个人及其集体作出的决策，任何决策都会涉及做什么、怎么做、何时做等问题。每当遇到这些急需解决的问题时，决策者就需要从广泛的组织内部的沟通中获取大量信息情报，然后进行决策。组织内部的沟通可以为各个部门和人员进行决策提供更多信息，增强判断能力。

技能训练

讨论如何解决班级课堂纪律存在的问题，定出解决措施。

四、沟通——取得理解与支持的法宝

对于我们每个人而言，我们都渴望被理解，特别是当我们的想法和愿望与父母不一致时，我们更是渴望获得父母的理解与支持。理解，让我们得到安慰；支持，给我们力量。如何获得父母的理解与支持呢？最直接的方法就是和父母沟通。

对于一个组织而言，确保组织目标顺利实现的关键因素之一，就是保持组织内部各种信息渠道的畅通，组织成员彼此能进行有效的沟通和交流。组织内部只有真诚沟通，才能相互理解；只有相互理解，才能达成共识；只有达成共识，才能相互支持。二战期间，英国首相丘吉尔充分发挥了沟通天赋，成功地协调于美、法、俄之间；美国总统罗斯福发表的"炉边谈话"，始终激励着全国民众保持必胜的信念。他们正是依靠自己出色且独特的沟通能力，使

军队、人民紧紧地团结在一起,同舟共济,击败了法西斯。

我们不否认某些人具有沟通的天分,但是沟通的能力更多是靠培养和锻炼出来的。如果你诚心想改善沟通能力,就千万不能偷懒。用本小簿子把你过去的经历记录下来,整理并找出自己过去所遇到的沟通障碍,例如:上次和老师沟通时,为什么没能取得老师的理解?是自己观点错误,还是老师没有理解你的心思呢?自己在表达上存在哪些问题?怎样改进?这种习惯要延续下去,把你今后沟通不畅的事件都记录下来,分析原因,找出改进的办法。相信只要坚持下去,一定能取得不小的收获。

读一读

一把坚实的大锁把守着铁门,一根铁杆费了九牛二虎之力,还是无法将它撬开。这时,钥匙来了,它瘦小的身子钻进锁孔,只轻轻一转,那大锁就"啪"地一声打开了。铁杆奇怪地问:"为什么我费了那么大力气也打不开,而你轻而易举就把它打开了呢?"钥匙说:"因为我最了解他的心。"

小思考

为什么钥匙说它最了解大锁的心?我们如何来理解这颗"心"?

....
....
....

技能训练

(1)想让老师认可你吗?试着和老师沟通一次,让老师发现你的潜力。记住:每个人都有自身的优势,相信自己能行!

(2)案例分析。

你认为A、B两种说法哪种更好?有没有更好的说法呢?

① 当王智边做作业边听音乐时,妈妈说:

A. 你总是边做作业边听音乐,一心二用,怪不得成绩上不去。

B. 妈妈希望你先做完作业再听音乐,好吗?

我认为妈妈还可以这样说:_____。

② 当妈妈阻止自己出去打零工时,王智说:

A. 我就知道你会说不行,你就没有一次同意过。

B．妈妈,我想我可以问您,为什么不让我去呢?
我认为王智还可以这样说:_____。

③ 当王智把牛奶洒在地上时,妈妈说:
A．你做事总是笨手笨脚的,什么事情都做不好,看你长大了怎么办。
B．下次小心一点,找抹布把地擦干净吧。
我认为妈妈还可以这样说:_____。

④ 妈妈提醒王智要记得关洗手间的灯,王智说:
A．你就喜欢唠唠叨叨这些小事情,烦死人了。
B．对不起,我会尽量记得、努力改正的。
我认为王智还可以这样说:_____。

我思我悟

我的收获与感悟:
....
....
....

画龙点睛

沟通是心与心的对话,我们能从中获得智慧的启迪、思想的碰撞和情感的交流。

第三节 人际沟通的原则

从前面的学习中,我们已经了解到沟通对我们的重要性,因此,我们更应该认真对待沟通能力的培养。培养沟通能力必须坚持一定的原则,如果把培养沟通能力作为一个目的,那么沟通原则就能为实现这一目的起到导向的作用。一旦方向都搞错,任凭你怎样努力也是难以达到目的的。

> **读一读**
>
> 小刘刚完成一项业务回到公司,就被主管马林叫到了他的办公室。
> "小刘,今天的业务顺利吗?"
> "非常顺利,马主管,"小刘兴奋地说,"我花了很多时间向客户解释我们公司产品的性能,让他们了解到我们的产品是最适合他们使用的,并且别的品牌也给不了这么合理的价钱,因此很顺利就把公司的机器推销出去一百台。"
> "不错,"马林赞许地说,"但是,你完全了解了客户的情况了吗,会不会出现悔单呢?你知道咱们的业绩和销量密切相关,如果他们再把货退回来,对于我们的士气打击会很大,你对于那家公司的情况真的完全调查清楚了吗?"
> "调查清楚了呀,"小刘兴奋的表情消失了,脸上显出一丝不快,"我有先在网上了解他们所需要供货的消息,又向朋友打听了他们公司的情况,然后才打电话到他们公司去联系的,而且我是通过你批准才去面谈的呀!"
> "别激动嘛,小刘,"马林讪讪地说,"我只是出于关心才多问几句的。"
> "关心?"小刘不满道,"你是对我不放心才对吧!"

> **小思考**
>
> 为什么小刘和马主管的对话最后不欢而散,两人交流当中存在哪些问题?
> ....
> ....
> ....

一、情绪之中不沟通原则

由于人在情绪之中往往容易失去理性,对事物不能做客观分析,所以情绪之中的沟通常常会失败。这样的情形在生活之中比比皆是,如:吵得不可开交的夫妻、反目成仇的昔日朋友、对立已久的上司与下属。人受情绪影响作出的决定往往是冲动的,甚至是错误的。

> **读一读**
>
> 小王是某咨询公司对外培训部主任,负责培训市场的开发。由于工作任务重、压力大,最近他的情绪非常焦躁。由于每天打印资料这种鸡毛蒜皮的小事还要占据他许多时间,小王更是对此非常不满。这天,他让一位学生代他到文印室打印一份文件,遭到教

务科长的拒绝,理由是学生不能进文印室。

小王打电话问教务科长:"如果打印都要我亲自来做,那我还干别的工作吗?"

教务科长说:"那我给你做助手?"

小王认为这是讽刺,便回答:"用不起。"说着就把电话挂断了。

> **小思考**
>
> 如果你是小王,你会如何跟教务科长沟通?分析一下他在和教务科长沟通过程中存在哪些问题?原因是什么?
>
> ....
> ....
> ....

记住:情绪不好时,不要和同事沟通工作上的事情。

二、真诚沟通原则

所谓真诚沟通,指的是沟通时要真心实意、态度诚恳、不虚伪、不说假话。可以说真诚是一种崇高的道德情感,是为人处世的根本,是与人沟通的先决条件,更是取信于人、获得纯洁友谊的基础。真诚还表现在对他人的坦率上。即便有了不同意见,也能及时交换看法,真心实意为对方打算,彼此胸怀坦荡,不存芥蒂,所谓"肝胆相照,谓之知心"。当然,我们每个人都会有不愿意实话相告的时候,这时你可以不说,但是不能为了避免矛盾而说假话。

> **读一读**
>
> 学校安排同学自愿观看一场电影,电影院就在学校旁边。有些同学不看电影就回家了。物理系主任李老师有几项工作急需完成,只靠自己一个人不能及时完工,便请小王帮忙,小王说她家里有事要回去,李老师只好又请其他人帮忙。当李老师做完工作走出校门时,恰好碰见小王和其他同学看完电影回来。李老师后来又因为两项其他的工作找过小王,但是,她都找理由拒绝了。

同学们,你们想想,以后李老师还能相信小王吗?也许她当时不好意思直接拒绝,随意找了个借口,但是,千万不能让"随意的借口"成为一种习惯。这样,即使小王以后说了真话,别人也不会再相信她了。

技能训练

如果是你,当你非常想看这部电影时,你会怎样拒绝李老师?
....
....
....

三、尊重原则

尊重别人是人际沟通中最起码的美德,也是友谊赖以维持的条件,更是建立良好人际关系的基础。要想得到别人的尊重,首先要学会尊重别人。只有"你敬我一尺,我敬你一丈",才能和别人和睦相处、推心置腹、真诚相待。

朋友之间、同事之间的相互尊重应该是多方面、多层次的。尊重别人体现在以下几点:首先要尊重朋友的人格和尊严。有损朋友尊严的话不讲,有伤朋友感情的玩笑不开,有损朋友名誉的流言蜚语不传。其次,不能拿朋友的生理缺陷开玩笑。每个人都希望自己天生丽质,但是由于遗传等诸多因素的影响,有的人身体上往往存在这样或那样的缺憾。尊重别人就一定要学会保护别人,不能拿这样的事情取笑,因为那样是极为卑劣的行为,也是不道德、没有修养的表现。最后还要注意不要揭别人的伤疤和老底,要学会维护他人的自尊心。

读一读

西雅图波音公司的一个部门经理有一次大发雷霆,原来他看到一份报告上有一个错字,那是个拼写错误,有人把 believe 写成了 beleive。这位经理很是精明能干,可就有个怪毛病,容不得任何小错误,他叫来了那个写错字的工程师。于是,整个走廊都听得见部门经理的声音:"你这笨蛋连这样的错误都会犯,你到底读过书没有? e 怎么可能在 i 的前面? 记住,i 永远在 e 的前面!"可没过几天,那位可爱的经理又发现了同样的拼写错误,而且还是出自同一人之手。这次,经理被彻底地激怒了,他叫来那个"屡教不改"的工程师,怒不可遏地冲他咆哮:"你的耳朵长在头顶上了吗? 为什么我说的话你不听?"工程师很平静,说道:"你不是说 i 永远在 e 之前吗?"经理说:"看来你是明知故犯了。"工程师二话没说,随手从桌上拿起一份文件,把上面的公司名 Boeing 一笔勾去,改成了 Boieng。

> **小思考**
>
> 工程师为什么明知故犯?
>
> ....
> ....
> ....

依据沟通的原则,我们看到这位经理违背了情绪之中不沟通的基本原则,在情绪很愤怒时去和工程师沟通。想想看,人在愤怒时,还会去想怎样沟通更合适吗?口不择言是其必然结果。而他口出恶言显然是对工程师极大的不尊重。一个不尊重他人的人能获得他人的尊重吗?这位经理的沟通方式不仅没有达到目的,反而还造成了工程师和他的对抗。

无论在家庭中还是在社会上,每个人扮演的角色不同,但人格是平等的,彼此尊重体现了一个人的修养和道德水准。

技能训练

(1) 如果你是这位经理,你会如何和这位工程师沟通,使其不再犯同样的错误?

....
....
....

(2) 案例分析:

老和尚携小和尚云游四方,途遇一条河。见一女子正想过河,却又不敢过。老和尚便主动背该女子蹚过了河,然后放下女子,与小和尚继续赶路。小和尚心里不禁一路犯嘀咕:师父怎么了?竟敢背一女子过河?一路走,一路想,最后终于忍不住了,说:"师父,你犯戒了!怎么背了女人?"老和尚叹道:"我早已放下,你却还放不下!"

老和尚为什么要感叹?小和尚犯了什么错?小和尚放不下什么?

....
....
....

四、不责备、不抱怨原则

美国心理学家斯金纳经由动物实验证明:因好行为而受到奖赏的动物,学习速度就快,学习效果也佳；因坏行为而受到处罚的动物，则无论是学习速度还是学习效果都会比较差。最近的研究显示，这个实验用在人类身上也有同样的结果。责备、抱怨不但不能改变事实，反而只能招致怨恨。

责备、抱怨会引起对方的羞愤，常常会使员工、亲人、朋友的士气大为低落，对于该矫正的事情一点助益也没有。

读一读

有一个男孩脾气很坏，于是他的父亲就给了他一袋钉子，并且告诉他：每当他要发脾气的时候就钉一根钉子在后院的围篱上。

第一天，这个男孩钉下了 37 根钉子；第二天，他钉下钉子的数量变成了 32 根；第三天，男孩只钉了 29 根钉子……慢慢地，每天钉下钉子的数量都在减少。男孩发现控制自己的脾气要比钉下那些钉子来得容易些。

终于有一天这个男孩再也不会失去耐心乱发脾气，他告诉他的父亲这件事。父亲告诉他，现在开始每当他能控制自己的脾气的时候，就拔出一根钉子。

时间一天天地过去了，最后男孩告诉他的父亲，他终于把所有钉子都拔出来了。

父亲握着他的手来到后院说："你做得很好，我的好孩子。但是看看那些围篱上的洞吧，这些围篱将永远不能恢复成从前。你生气的时候说的话将像这些钉子一样留下疤痕。如果你拿刀子捅别人一刀，不管你说了多少次对不起，那个伤口将永远存在。话语的伤痛和真实的伤痛一样令人无法承受。"

人与人之间常常因为一些彼此无法释怀的坚持，而造成永远的伤害。如果我们都能从自己做起，开始宽容地看待他人，相信你一定能收获到许多意想不到的惊喜，让自己看到更广阔的天空。

假如你想引起一场令人至死难忘的怨恨，只要发表一点刻薄的批评即可。我们应记住：我们所相处的对象，并不是绝对理性的生物，而是充满了情绪变化，免不了成见、自负和虚荣的人。大外交家富兰克林年轻的时候并不圆滑，但后来却变得富有外交手腕，善于与人应对，因而成为了美国的驻法大使。他成功的秘诀就是："我不说别人的坏话，只说大家的好处。"

让我们尽量去了解别人，而不要只会责备吧！我们应尽量设身处地去思考他们要这样做的理由，这样比起批评、责备才有益并有效得多，而且让人学会同情、忍耐和仁慈。

技能训练

今天,有几位同学到你家开派对,事先你并没有征得妈妈的同意,而妈妈今天恰好因为身体不舒服提前下班了。回到家,当妈妈看到屋里一片狼藉时,不由得皱起了眉头,和你的同学打个招呼就进卧室了。同学们感受到了你妈妈的冷淡,赶快离开了你家。

你认为妈妈的态度不对,你应该怎样和妈妈沟通呢?

....
....
....

我思我悟

我的收获与感悟:

....
....
....

画龙点睛

遵守沟通的原则是有效沟通的基础。

本章回顾

通过本章的学习,你应该了解:

1. 沟通是一种有目的的双向性活动;了解这一点后,沟通过程一定要注意双方的互动。

2. 沟通是一门科学,也是一门艺术。科学需要学习才能掌握,艺术需要实践才能登峰造极。

3. 沟通是人的基本需求,它是建立亲情、友情、爱情的基础,也是取得理解和支持的法宝。沟通能力是现代人必备的能力,它是开启成功大门的金钥匙。

4. 掌握沟通的四大基本原则:

(1) 情绪之中不沟通原则;

(2) 真诚原则;

(3) 尊重原则;

(4) 不责备、不抱怨原则。

本章练习

一、填空题

1. 沟通是由信息的_____、_____、_____、_____所构成的有意义的互动过程。

2. 沟通的基本特征是_____和_____。

3. 真诚沟通要做到_____、_____、_____、_____。

4. 信息的发射隐含着对所发射信息进行_____的过程。

5. _____是有效沟通的基础。

二、简答题

1. 沟通的原则有哪些?

………………………………………………………………………………………………
………………………………………………………………………………………………
………………………………………………………………………………………………

2. 请说说在校园生活中如何做到尊重老师及同学。

………………………………………………………………………………………………
………………………………………………………………………………………………
………………………………………………………………………………………………

三、测一测

测测你的沟通能力:

(1) 你是不是见了熟人,总觉得无话可说? □是　□否

(2) 你是不是喜欢和别人争执? □是　□否

(3) 你是不是常常说些犯别人忌讳的话? □是　□否

(4) 在与别人交谈时,你是否觉得自己的话常常不被别人正确理解? □是　□否

(5) 在与自己观点不同的人交流时,你是否会觉得对方的观点很怪异? □是　□否

(6) 在一次会议中,有人反对你的观点,你会认为那是针对你个人吗? □是　□否

(7) 在通知别人一件事情时,你喜欢用手机发短信代替打电话吗? □是　□否

(8) 在和别人交流时,你说的话是不是比别人说的要多? □是　□否

(9) 感到不顺心时,你会把自己的苦恼逢人就讲吗? □是　□否

(10) 在众人聚集的场合里,你喜欢把话题往自己身上扯吗? □是　□否

(11) 当你取得好成绩时,是否唯恐同学和好友不知道? □是　□否

(12) 你是否能把所要谈的问题,用各种不同的方式来谈,以适应不同的对象? □是　□否

(13) 你说话的声调是不是够缓和? □是　□否

(14) 在与人谈话时,如果你对正确理解别人的观点没有把握,你是否会请对方给出明确指示? □是　□否

(15) 你在开会和听课的时候,是否能够专心听讲,尽量理解讲话者所说的内容? □是　□否

(16) 当你不同意一个人谈话的内容时,是否还会认真听下去? □是　□否

评分说明:1～11题回答"否"得1分;12～16题回答"是"得1分。

得10分者,沟通能力基本合格;得13分及以上者,沟通能力较强。

在清楚自己哪些方面存在问题后,就要努力改进,不论有多少困难,你都不要灰心,即使你现在觉得自己像哑巴一样不会说话,也是有办法改进的。

第二章
塑造有效的沟通风格

本章引言

不必说而说,是多说,多说易招怨;
不当说而说,是瞎说,瞎说易惹祸。
君子一言当百,小人多言取厌;
虚言取薄,轻言取侮。

知识目标

1. 知道提问、倾听、语言和肢体语言在沟通中的重要作用;
2. 了解提问的方式,注意提问的礼节;
3. 能归纳出倾听中存在的障碍;
4. 能列举肢体语言沟通的表现形式。

能力目标

1. 能在沟通过程中恰当运用提问及倾听的技巧;
2. 能正确运用肢体语言。

情感目标

树立良好的沟通意识。

思维导图

第一节 善于提问

沟通是我们的基本生存方式,沟通能力从来没有像现在这样为人们所重视,并成为个人成功的必要条件。对个人而言,树立良好的沟通意识,养成在任何场合都能够有意识地运用沟通的理论和技巧进行有效沟通的习惯,塑造属于你自己的沟通风格,让你成为一个处处受欢迎的人,显然是十分重要的。

沟通的十二字诀是"了解对方真意,充分表达自我"。那如何去了解对方呢?如果大家都知道对方的真实想法,那么交往中就不存在沟通问题了,正是因为在很多时候我们不知道,所以才需要去了解、去沟通。

要了解对方的真实想法,首先要学会提问,通过提问去获得自己想知道的信息。高明的问话使人乐于回答,而愚蠢的问话则会引起对方失笑,甚至反感。总之,掌握问话的技巧,是打开对方话匣子最好的方法。

小思考

如果你是蛋糕店的店主,你会如何回答这位顾客的问题呢?

....
....
....

问题是开启信息宝库的钥匙,在沟通中如果想获得所需的信息,首先必须善于提问。

一、提问的关键——怎么问

提问是你对别人感兴趣的一种表现,同时也是你引发别人兴趣最好的方式。就像那位蛋糕店的顾客,你看了之后肯定会觉得好笑。因为你知道那种问话等于是一句废话,为了顾全店家招牌,店主一定会说蛋糕很新鲜,况且衡量一样东西好不好的标准是很难说的。但生活中碰到相同的情形,你可能也会不由自主地犯类似错误。这时,如果我们用另外一种方法去问:"今天有什么推荐的糕点?""这款糕点很漂亮,一定很好吃吧?"效果就完全不同了,这是谦逊的表现,是认真请教。这些问话的定义很广泛,所以对方回答的范围可以很大,而且他的自尊心得到满足,就会把店里最好的商品介绍给你。

提问的方式可以有很多种,包括封闭式提问、责难式提问、激励式提问、开放式提问、指令式提问等。每种提问方式所得到的答案会有所不同,我们应该根据自己提问的目的来选择提问的方式。

1. 封闭式提问

这类问题仅需要简单的回答,只要回答肯定或否定就可以了,如:"你今天的作业完成了没有?"

2. 责难式提问

这类问题常常会引起听者的不愉快或不满意,会令回答者心里产生防备,因此应该避免使用,如:"为什么不把作业完成?"

3. 激励式提问

这类问题适用于征求听者的解决办法或意见,如:"为了按时完成作业,我们今后应该怎么做?"

4. 开放式提问

这是寻求解决问题办法的进一步扩展形式,能够给予听者有更大的自由度来回答,如:"你认为我们应该如何做,才能按时完成今年的目标呢?"

5. 指令式提问

这类问题以命令式的措辞来表述,在沟通过程中尽量不要用,如:"告诉我为什么不做作业?"

> **小思考**
>
> 以上五种提问方式,你认为哪种更易让人接受?

....
....
....

相信大多数人都更喜欢第三、第四种提问方式吧。巧妙的提问为我们架起了沟通的桥梁,让别人感到被尊重,赢得大家能够一起努力解决问题的信任感。因此在很多情境下,为了获得回答和信息,理想的做法是使用两种或两种以上的方式进行提问。

读一读

有一位年轻的妈妈和她四岁的儿子陪着外公一起去春游。妈妈从背包里拿出两个苹果,要儿子给外公一个。没想到儿子将苹果拿到手后,在上面分别咬了一口。妈妈非常生气,外公却问道:"乖孙儿,告诉外公,为什么两个苹果你都要咬上一口?""因为……因为我想把最甜的那个给外公。"

这则故事中,如果没有外公的问话,我们是不是就会错怪这个孩子了?所以,外公的做法是正确的,应该试着让孩子把话说完整,了解到孩子的真实想法,从而也使我们发现这个孩子是多么地可爱。

技能训练

以五人为一个小组,小组内其中一人选定一项体育活动(如:踢毽子、跳绳、翻单杠、打乒乓球、打篮球、下棋等)但不能直接说出来,其余四人运用不同的提问方式轮流提问,最后猜猜这位同学选定的是哪一项体育活动。

二、提问的礼节——温文尔雅

1. 提问的语气

我们在提问时,最重要的是语气温和,避免责难式提问,如:"你怎么还不做作业?"

2. 提问的态度

提问的态度要谦恭,如:"可以请教您一个问题吗?"或"现在和您谈话方便吗?"在谈话过程中,我们可以提一些诸如"你认为这就是问题所在?""你的意思是……""你能说得更明白一些吗?"等问题,这些提问有助于我们获得更多信息,并理解问题的各个方面。如果想要别人遵照你的意思去做事,应该用商量的口气,如:"你看这样做好不好呢?"

3. 注意习俗

在西方国家,当面询问女性的年龄是忌讳,在我国也渐渐成为一种趋势,年龄已成为成年人的隐私,无论是男性还是女性。另外,个人收入、家庭成员的状况等也最好不要问。

拓展学习

社交场合中的"六不问"

技能训练

(1) 你的同桌有一本书你很想借来看看,应当如何开口呢?
....
....

(2) 请两位同学分别扮演学生和老师。今天学生上学迟到了,老师用不同的语气询问迟到的原因,学生用不同语气回答。请同学们评判哪种语气更能让人接受。

(3) 案例分析:

有一天,一位老太太离开家门,拎着篮子去楼下的菜市场买水果。她来到第一个小贩的水果摊前问道:

"这李子怎么样?"

"我的李子又大又甜,特别好吃。"小贩回答。

老太太摇了摇头没有买,她向另一个小贩走去,问道:"你的李子好吃吗?"

"我这里是李子专卖,各种各样的李子都有,您要什么样的李子?"

"我要买酸一点儿的。"

"我这篮子的李子酸得咬一口就流口水,你要多少?"

"来一斤吧!"

老太太买完李子后继续在菜市场里逛,又看到一个小贩的摊上也有李子,又大又圆非常抢眼,便问水果摊上的小贩:"你的李子多少钱一斤?"

"您好,您问哪种李子?"

"我要酸一点儿的。""别人买李子都要又大又甜的,您为什么要酸的李子呢?"

"我儿媳妇怀孕了,想吃酸的。"

"您对儿媳妇真体贴!巧了,我今天进的这批李子是新品种,偏酸但一点不涩,口感非常好。您要多少?"

"我再来一斤吧。"老太太被小贩说得高兴,便又买了一斤。

小贩一边称李子一边继续问:"您知道孕妇最需要什么营养么?"

"不知道。"

"孕妇特别需要补充维生素。您知道哪种水果含维生素最丰富么?"

"不清楚。"

"猕猴桃含有多种维生素,营养价值高,特别适合准妈妈。每天都吃,大人小孩都能身体棒棒!"

"是吗?好啊,我就再来一斤猕猴桃。"

"您人真好,有您这样的婆婆,儿媳妇好福气啊!"小贩开始给老太太称猕猴桃,嘴里也不闲着,"我每天都在这摆摊,水果都是当天从批发市场新鲜批来的,您儿媳妇要是吃好了,欢迎再来啊。"

"行!"老太太被小贩说得脸上乐开了花,付完账开开心心拎着水果走了。

思考:为什么三个小贩的销售效果不一样呢?

我思我悟

我的收获与感悟:

画龙点睛

善于提问是良好沟通的基础。

第二节 认真倾听

生活中总有人需要我们的倾听。倾听父母的唠叨,能体会到"慈母手中线,游子身上衣"的温暖;倾听同学的心声,能感受到"海内存知己,天涯若比邻"的情意;倾听身边人的故事,能抒发"同是天涯沦落人,相逢何必曾相识"的感慨。学会倾听,能让我们感悟到生活的真谛。

读一读

古时候,有个小国派使臣到中国来朝见皇帝,进贡了三个一模一样、金光灿灿的金人,把皇帝高兴坏了。可是这小国不厚道,给在场的皇帝大臣出了一道题目:这三个金人哪个最有价值?

皇帝想了许多的办法,甚至请来珠宝匠检查、称重量、看做工,得出的结论都是一模一样。怎么办？使者还等着回去汇报呢。泱泱大国，总不会被这种问题难倒吧？

最后，有一位即将告老的大臣站了出来，说他有办法。

皇帝将使者请到大殿，老臣胸有成竹地拿出三根稻草，分别插入三个金人的耳朵里，结果，稻草从第一个金人另一边耳朵出来了；第二个金人的稻草从它嘴巴里掉了出来；而第三个金人，稻草进去后就直接掉进了肚子。老臣回答说：第三个金人最有价值！使者默默无语，答案正确。

> **小思考**
>
> 这则故事告诉我们什么道理？
>
> ....
> ....
> ....

一、认真倾听，是有效沟通的开端

如果你边听音乐边和别人谈话，一段时间之后，对于音乐和谈话你分别记得多少呢？相信你对两者都只能留有片段的记忆。因为每个人的注意力都是有限的，当你专心做一件事时，就不可能去专注另一件事情了。同样，当你和别人交谈时，如果老是在想自己应该说些什么时，你大概也不会有精力去听清对方说什么。结果往往是他说他的、你想你的，这样的谈话就是多余的，不能达到有效沟通的目的。

上天赐予每个人两只耳朵一张嘴，就是让我们少说多听的，想达到有效沟通，第一步不是学会如何说话，而是要学会倾听。

> **技能训练**
>
> 同学们五个人为一组，其中一个人用大约一百个字来描述自己的兴趣，但是不能直接说出来，其余同学听完描述后以"你的兴趣是……"说出自己听到的答案，再由原来的同学公布答案。大家可以轮流让同组同学来猜。
>
> ....
> ....
> ....

二、认真倾听,使你赢得信任

读一读

孙某与刘某同一年毕业于同一所大学,同时被聘为某公司的项目协调员。两人学识相当,业务水平难分高下,但不同的是两人的处世态度。每次部门一起讨论刘某设计的项目时,大伙只要提出点儿什么意见,刘某总是据理力争,一二三四五……说得别人无言以对。虽然大家都认为他言之有理,但总觉得他有点傲。领导有时极有风度地指出其项目的某些缺陷,刘某便开始引经据典地反驳,弄得理论水平不高的领导很是难堪。

孙某则恰恰相反,对每个人的意见,都认真地做记录,一副洗耳恭听的姿态。特别是对领导的指示,他都十分重视,遇到不清楚的地方,便不厌其烦地虚心求教。参加孙某的项目讨论会,大家都有畅所欲言的机会,而且大家都乐意将自己的宝贵意见告诉他。经过他最后修改完成的项目书,必定是博采众长、无可挑剔的。

结果,孙某做的项目书几乎都能获采用,而刘某做的却极少被问津。业绩的不同拉开了他俩的差距,最近,孙某升任公司副总经理,而刘某早在两年前便跳了槽,至今在新公司依然是个小职员。

小思考

这个故事说明了什么?

....
....
....

与人交际时,倾听他人意见的这个行为比他人意见是否正确更为重要。孙某比刘某更胜一筹的是他淡泊自我,永远尊重对方。沟通不能就是滔滔不绝地演说,而要多多倾听。善于倾听,才能获得他人的认可与信任。

调查研究发现,沟通中的行为比例最大的是倾听,而不是交谈或说话。然而在实际生活中,人们常常会忽视这一点,我们都比较喜欢发表自己的意见。但心理研究显示:人们喜欢善听者甚于善说者。所以,如果你愿意给别人一个机会畅所欲言,他们会立即觉得你和蔼可亲、值得信赖。

我们不妨试试用下列方式表明你对他人说话内容感兴趣。

保持视线接触:聆听时,必须看着对方的眼睛。人们判断你是否在聆听并接收其说话的内容,是根据你是否注视对方来作出的。

让人把话说完整：让人把话说完整并且不插话，这表明你很重视沟通的内容。人们总是把打断别人说话解释为对自己思想的尊重，但这却是对对方的不尊重。

表示赞同：只要点头或者微笑就可以表示你赞同对方正在说的内容，表明你与说话人意见相合。人们需要有这种感觉，感受到你在专心地听着。

全神贯注：把可以用来信手涂鸦或随手把玩、使人分心的东西（如：铅笔、钥匙串等）放在一边，你就可以免于分心了。人们总是把乱写乱画、胡乱摆弄纸张或频繁地看手表解释为心不在焉，即使你的确很认真在听，也会给别人不好的感觉。

放松自己：采用放松的身体姿态，譬如把头稍偏向一边，对方就会感受到他讲的话得到你完全的关注了。

所有以上这些信号能使与你沟通的人判断出你有在专心听取他所说的话，从而使你赢得信任。

三、认真倾听，使你获得好人缘

以往，我们总是认为能说会道的人擅长交际，其实，善于倾听的人才是真正会交际的人。话说多了，不免夸夸其谈，甚至言多必失；说过分了，还有可能祸从口出。静心倾听就不会犯这些弊病，还有兼听则明的好处。认真听，你会给人谦虚好学、专心稳重、诚实可靠的印象；注意听，能减少不成熟的评论，避免不必要的误解。善于倾听的人常常会有意想不到的收获：蒲松龄因为虚心听取路人的讲述，记下了许多有趣的故事，终成《聊斋》大作；唐太宗因为兼听而成明主；齐桓公因为细听而善任管仲；刘备因为恭听而鼎足天下。

不少研究与大量事实表明，人际关系不好的原因，很多时候不在于你说错了什么或是应该说什么，而是你听得太少或者不注意倾听所致。比如，别人的话还没有说完，你就抢过话头，却讲出些不得要领、不着边际的话；还没有听清别人的话，你就迫不及待发表自己的见解和意见；对方兴致勃勃地与你说话，你却魂不守舍、目光斜视，手上还在不断拨弄这个那个。有谁愿意与这样的人在一起交谈？有谁喜欢和这样的人做朋友？一位心理学家曾说："以同情和理解的心情倾听别人的谈话，我认为这是维系人际关系、保持友谊最有效的方法。"

四、认真倾听，是获取灵感的一种途径

有记者采访世界顶级魔术师大卫·科波菲尔时问道："世界上魔术师不计其数，您能说说自己为什么能取得比别人更大的成功吗？您的秘诀是什么？是不是天生就有超凡的能力？"大卫的回答是："我并没有什么超凡的能力，我觉得自己的成功可能是因为我善于倾听别人的说话，从别人的想法中获得灵感。"倾听别人的想法，将其转化为自己的灵感，这比一个人闷头思考、闭门造车来寻找创意要有效多了。

五、消除障碍，让倾听更完整

读一读

乔·吉拉德向一位客户销售汽车，交易过程十分顺利。当客户正要掏钱付款时，另一位销售人员跟吉拉德谈起了昨天的篮球赛，吉拉德一边跟同伴津津有味地说笑，一边伸手去接车款，不料客户突然掉头就走，连车也不买了。吉拉德冥思苦想了一天，不明白客户为什么突然放弃了已经挑选好的汽车。第二天一早，他终于忍不住给客户打了一个电话，询问客户突然改变主意的理由。客户不高兴地在电话中告诉他："昨天下午付款时，我同您谈到了我的小儿子，他刚考上了名牌大学，是我们家的骄傲，可是您一点也没有听见，只顾跟您的同伴谈篮球赛。"吉拉德明白了，这次生意失败的根本原因是自己没有去认真倾听客户想与之分享的信息。

前面我们提到了在倾听时一定要注意力集中，才会听清对方讲话的内容。在生活中，我们也常常碰到这样的情况，当有同学在回答老师的提问时，总会有人去打断他的发言，或心不在焉，或旁若无人地和其他同学讨论……有些看似积极主动，其实并没有集中注意力倾听别人说话，是对别人很大的不尊重。在前面这则故事中，正是由于业务员没有认真倾听顾客的声音而失去了一笔生意，我们也应当从中吸取教训。

倾听在人际沟通中是很容易被忽视的一种技巧。绝大多数人认为仅需要说而无需听就能达到目的，然而事实并非如此，成功的沟通往往是从倾听开始的。那么，是什么造成许多人不善于倾听呢？

1. 观点不同

观点不同是倾听的一大障碍。每一个人心里都有自己的主张，很难完全接受别人的意见。如果是"英雄所见略同"，肯定是皆大欢喜；一旦对方和你意见相左，你可能就会出现反感和不信任的情绪，甚至产生不正确的假设，你可能这样想："你的观点也没有什么新意，不用说我都知道是怎么回事。"带着这样的想法，自然难以认真去听对方说的话。

2. 时间不足

时间不足是倾听的另一大障碍。由于会面安排的时间过短，对方不能在这么短的时间内把事情说清楚，或者你工作繁忙，只能边工作边会面。谈话者可能言简意赅，忽略了许多的细节，而你根本就没有时间认真倾听对方所要表达的内容。在这么短的时间内既要听清楚对方所要表达的内容，还要做出回应，也就容易产生误会。

3. 成见

成见也是倾听的一大重要障碍。假设你对某个人产生了某种不好的看法，如："这个人没什么能耐。"当他和你说话时，你就不可能注意倾听。又假设你和某个人之间由于某种原因产生了隔阂，如果他提出什么异议，你就可能认为他所做的一切都是针对你来的。无论他怎么解释,你都会认为是借口。由此可见,成见作为一种刻板印象,往往包含了主观臆测。它会阻碍你的正常思维,阻碍你获取正确信息。

4. 急于表现

人们通常都喜欢自我表现。发言可以帮助你树立积极主动的形象,而倾听则是被动的。在这种思维习惯下,人们往往会在他人还未说完话的时候,在还没把对方的意思听懂、听全的情况下,就迫不及待地打断对方,发表自己的观点。

我们每一个人都希望自己所说的话能有人听见、被人理解,任何心不在焉的反应都会让我们失去继续说下去的意愿。倾听,尤其是积极地倾听,比一般的听更能鼓励人们继续表达自己的看法。良好的倾听必须做到:要先听到说话者所说的话,然后让对方知道我听到了。

5. 消极情绪

虽然我们都能认同在有效的沟通过程中,必须以开放的态度去换位思考并感受对方的情绪,在对方感到被了解的前提下表达自己的观点。如果双方关系是和谐的、理性的,沟通的过程会相当顺利。但人是有七情六欲的,消极情绪的出现对任何人来说都是正常的。产生消极的情绪不要紧,问题是如何处理。比如:当你和别人交谈时,发现别人一直谈论你不想谈的话题,不管你怎么回避,他都不停地说,终于把你惹火了,此时你会怎么做?有人会当即翻脸,有人会为了面子而强忍怒气,心中却暗下决定从此不再与他往来。有效的沟通需要真诚和理性,前者真诚有余而理性不足,后者保持理性而有失真诚,两者都不是良好的沟通。当我们出现消极情绪时,首先应自我反省,如果你能充分地自我肯定,就不会被轻易激怒,甚至会体谅对方。因为他的关系可能造成对你的威胁,导致你的不安,才会对他表现出挑衅行为。反省下来,如果发现是你的问题,你可以稍微释怀或是表示歉意;如果希望他不要继续伤害你,则应理性地表达你的感受。

技能训练

(1) 在沟通中,你容易出现"不愿听对方说话"的原因是什么?你是如何处理的?你认为自己能够在哪些方面做出改进?

....
....
....

(2) 老师播放一段流行歌曲,时间为 15 分钟,同学们可以边听音乐边讨论对某个电视节目的看法,然后分别说出音乐的歌词。结果是

A 同学 ....
B 同学 ....
C 同学 ....

（3）传话不走样。游戏规则：找出一句你最喜欢的台词，让一个同学传递给另一个同学，经过十个同学的传递后，看看结果如何。

六、开放你的同理心，让倾听更有效

同理心是指站在当事人的角度和位置上，客观地理解当事人的内心感受及内心世界，并且把这种理解传达给当事人的一种沟通交流方式。简单说就是将心比心，站在对方的立场来思考问题，赢得对方的好感，并且积极地回应其需要。

读一读

一只小猪、一只绵羊和一头奶牛，被关在同一个畜栏里。有一次，牧人捉住小猪，只听小猪大声号叫，猛烈地抗拒。绵羊和奶牛讨厌它的号叫，便说："他也常常捉我们，我们并不大呼小叫。"小猪听了回答道："捉你们和捉我完全是两回事，他捉你们，只是要你们的毛和乳汁，但是捉住我，却是想要我的命呢！"

小思考

这则故事说明了什么？

....
....
....

在生活中我们是不是常在不经意间扮演过绵羊和奶牛的角色呢，看到别人的痛苦也无动于衷？由于立场不同、所处环境不同，我们很难了解对方真实的感受，这就是没有开放同理心的缘故。

你是否也曾有这样的经历，喜欢听一些前卫、小众的歌曲，而父母会说有什么好听的，充会员是浪费钱；喜欢看动漫，有人又会说你永远也长不大。这些让你觉得不被人理解，感到无助。这也是因为大家都没有开放同理心造成的。长辈们忘记了他们也曾青春叛逆过，也曾有过自己心中的偶像；你则是无视了他们的人生经验宝贵，社会阅历丰富。在沟通时，双方若能怀抱同理心去理解对方的感受、信念和态度，并有效地将这些感受传递给对方，让对方感到被理解和尊重，从而产生温暖感和满足感，那样才能带动起彼此体谅、关心、爱护的沟通氛围。

同理心要求沟通者从对方的角度上去了解、理解对方的信息，听明白对方在说什么，并且结合对方的感情成分，理解对方话里隐含的内容，真正听懂对方的意思。

开放你的同理心，你就应该时常对自己说："如果我处在他所处的情况下，我会有什么感觉、有什么反应？"当你学会了站在别人的角度思考问题、解决问题，就会更加容易接受别人的建议和意见，这对你为人处世会有很大的帮助。

技能训练

1. 给父母写一封信，告诉他们你有多爱他们；让父母给你回信，告诉你他们看完信的感受。

   ....
   ....
   ....

2. 请阅读以下的对话（创设情景），体会说话者的心境，把你的理解（包括内容与情感）用句子表达向对方作出反应，尽可能表达出自己对于"同理"的理解。

   ① 五岁的孩子对母亲说："妈妈！我讨厌去上学，我明天不要去幼儿园了！"
   设想母亲同理的反应：..

   ② 下雨天，十岁女儿要出门。爸爸："要记得穿雨衣！当心感冒！"
   女儿："我不要穿！"
   设想爸爸同理的反应：..

   ③ 小张跟同桌吵架，老师把小张请到一旁谈话。
   小张："是他先拿我的东西，我已经叫他不要动我的东西了，他是故意的！"
   设想老师同理的反应：..

   ④ 美术课快下课了，这时小明忽然抓住小刚并很用力地打他。老师走近时小明才放手。
   设想老师第一句同理的反应：...
   小明眼眶红着："他把我的画搞烂了……"
   设想老师同理的反应：..

   ⑤ 上课时小菲每隔几分钟就看一次手表，显得不专心。
   设想老师同理的反应：..

   ⑥ 孩子："妈妈，为什么我们小孩子回家要写那么多功课，你们大人都不用写？"
   设想母亲同理的反应：..

   ⑦ 学生（哭）："老师，是我先拿到球的，小强他每次都抢我的，还打人。"
   设想老师同理的反应：..

我思我悟

我的收获与感悟：
....
....
....

> **画龙点睛**
>
> 倾听，是对他人的一种恭敬、一种尊重、一份理解、一份虔诚，是对友人最宝贵的馈赠。

第三节
用心说话

俗话说："良言一句三九暖，恶语伤人六月寒。"尤其在现代社会中，说话是否得体往往能决定事情的成败。只有掌握说话的技巧，才能在关键时刻应变自如，并赢得别人的赞同。

> **读一读**
>
> 有一天，父子俩拉着一车草去集市上卖。走到半路，看见河边有只王八，父亲连忙喊："别跑！别跑！等我抓住了拿去卖钱。"儿子听了说："爹，你就别追了，它比你溜得快多了。""什么？你骂我是王八！"父亲听了心里很不高兴。到了集市上，卖了草，儿子说饿，父亲说你去吃啊。儿子吃了半天才出来，父亲一算账："你可真能吃啊！一吃就吃了半车草。""什么？你骂我是驴啊！"儿子心里也老大不高兴。

看了这则故事我们肯定会哈哈大笑，这父子俩都怎么说话的。正所谓"一句话能把人说得笑，也能把人说得跳。"同是一句话，有说话技巧的人，说得人家觉得中听，心悦诚服；没有说话技巧的人，说得人家动气，肝火上升，即所谓祸从口出。我们都知道，同样的一件事情常有不同的表述方式，诸如它所影射的含义，措辞的微妙差异，以及表达的时机、语气、态度等，这些都是值得我们注意的。

一、做好准备，准确表达

在说话之前，你必须知道自己说话的目的是什么，是想要寻求帮助，还是想了解对方的想法？说话时如果不假思索、想到就说，个人的弱点就完全暴露了。因此，事前要做一番准备：用最简单明了的语言把该说的话表达出来；不该说的话一句都不说。句句精要，又层次分明、先后有序，让对方了解你的意图。

读一读

有个举人经过三科候选,终于得了某县一个县令的职位。第一次去拜见上司,想不出该说什么话。他沉默了一会儿,忽然问道:"大人尊姓?"上司勉强说了姓某。县令低头想了很久,说:"大人的姓是百家姓中所没有的。"上司非常惊异:"我是旗人,贵县不知道吗?""大人在哪一旗?""正红旗。"县令说:"正黄旗最好,大人怎么不在正黄旗呢?"上司顿时勃然大怒。

小思考

这个县令拜见上司的目的是什么?他在哪些地方说错话了?

....
....
....

我们之所以要讲究说话的技巧,是因为许多人准备不足,常常不假思索就信口开河,因而导致种种不良后果。正如上例中的县令,他去拜见上司,却对上司的情况一无所知,没话找话,结果得罪了上司,恐怕连乌纱帽都难保。有很多事实证明:为了达到目的,说话时必须力求简单明了而且具有说服力。但最重要的是,该说则说,不该说则不说;而且不了解的事也不说,甚至一些突然想起的话题,也应该尽量避免提及。

技能训练

请同学们举一些例子:自己说了以后又后悔的事(我们每个人都应该有过这样的经历哦),想想我们该如何避免呢?

....
....

二、诚恳亲切的态度增添好感

读一读

有一位 A 先生非常聪明,是单位的技术能手,但却有个自以为是的小毛病。和别人说话时,会把头抬得很高,也不正眼瞧人,说话时常给人一种"你懂什么"的感觉。所以一直得不到重用,他也因此耿耿于怀。看着同门师兄弟一个个都得到了提拔,A 先生心里更不平衡了,总认为别人都是靠溜须拍马升的官,但从不在自己身上找原因。

人与人之间的沟通,是一种双向的互动。如果说话时喜欢装模作样、骄纵蛮横,别人一定认为你自命不凡、优越感太强。如果话中带刺,具有强烈的攻击性,那么你一定会招致别人的极端厌恶。那位 A 先生自视甚高,不把别人放在眼里,自信过了头,导致在竞争中屡屡落败。俗语说"强中自有强中手",在和你交流的人当中,可能有比你技高一筹的,只是别人有涵养,不与你计较罢了。不能因为你的自负失去向别人学习的机会,进而也失去再提高自己的机会。看一看那些有成就的人,几乎每一个人都具有能与任何人融洽相处的优点。因此,我们彼此对话,以亲切为第一要素,情真意切才能让对方有好感,有好感才会收到好效果。所谓亲切诚恳,在于精神集中,用柔和的眼光正视对方,声音婉转,让听者感受到你的诚意。最忌讳说话时双手互抱在胸前,眼睛却看着别处,这种盛气凌人的态度很容易激起别人的不满;或者表现出一种消极的神情,也足以使听者不快,还会被人讥笑为懦弱、没有骨气。要知道我们说话时的态度,可以直接影响别人对你的看法。你究竟是一个冷漠无情或乐观主动的人,是一个自暴自弃或诚实向上的人,还是一个漫不经心或小心谨慎的人,别人都能从你的言谈态度中得到判断。因此,说话时应站在与对方同等的地位,以民主的方式相互交换思想和意见,才是明智的做法。

三、掌握语速加深印象

怎样的说话速度比较容易被人接受呢?我们没有必要去计算每分钟说了几个字,因为我们说话的时候绝对不会一直保持同一种速度。为了加深印象,我们有时候会说得比较快;为了强调重点,有时候又会放慢速度。说话的速度主要是以让对方听懂为基准。如果你发现对方听得没了头绪,或者内容比较生涩难懂,可放慢速度;如果你发现对方有走神的现象,或者内容比较简单,可以适当地加快速度。为什么我们在听名人演讲时,常常会被演讲者打动呢?是因为他们慷慨激昂的陈词、抑扬顿挫的语调、错落有致的语速,把我们带入演讲者所营造的意境中。所以在沟通的过程中,我们必须口齿清楚,表达流利,并要有语调的变化,有强弱重音,有感情的流露,才能收到很好的效果。总之,随时观察对方的反应来调整说话速度是必要的。

技能训练

请你用不同的语调和语气说:"你今天生病了吗?"看看会有什么不一样的效果。

四、注意场合把握音量

小思考

你有没有犯过类似的错误呢?

....
....
....

你说话的对象是谁呢?是你身边的朋友还是全班同学?你是想和你的朋友分享秘密还是要发表演说?我们常常发现有些人习惯大声和身边的朋友交谈,肆无忌惮地大笑,在公共场合很张扬地打电话,无论别人有多反感也不加收敛;但到了应该大声发表观点时,偏偏又什么都说不出来,声音低得谁也听不清楚。这都是音量控制不好的结果。音量的控制并不是人人都会注意到的,因此我们要养成自觉的习惯,发现不对及时加以改正。譬如说,在公交车、医院、图书馆、安静的教室或是教学楼的走廊里,我们说话都应该小声,避免打扰到别人;在发表演说或回答问题时,我们就应该慷慨陈词,勇敢地表达自己的观点。

五、小细节莫马虎

1. 不要随意批评他人的亲戚朋友

有句格言说:"熟悉的朋友也要讲究礼貌。"通常我们和初次见面的人或不熟悉的人说话时,会留意遣词用句,但随着跟对方的关系越来越亲近,有时会无意地说出伤害对方或令对方不满的话。我们必须牢记,正因为是熟悉的朋友,所以说话时更不能口无遮拦。

如果你也和上面那个人一样去批评朋友的爸爸,那你朋友肯定会跟你翻脸。因为每个人都有任性的一面,明知自己或自己身边的人有这样那样的缺点,但若遭到别人批评还是会觉得不高兴的。与其附和朋友的抱怨,跟着批评,你还不如说:"世界上没有人是十全十美的,总会有缺点也有优点的。"这才算得上机灵。

技能训练

> 你的一个好朋友有爱说大话的毛病,你向他明说怕他生气,又不想失去这个朋友。想想看,你该怎么说,既能维护他的自尊又可以让他改掉这个毛病。
> ....
> ....
> ....

2. 不要干涉别人的趣味

每个人的嗜好或兴趣只要不妨碍别人,都是自己的自由,是不容许他人干涉的。假如自己的兴趣被批评,容易让人产生被束缚的感觉,甚至觉得自尊心受损。因此,即使彼此关系再好,也应留意不要随意批评。如果你认为朋友的某些嗜好对健康不利,你可以采用更婉转的方法规劝。如上例,我们可以说:"薯片是非常好吃,我也很喜欢的。但有害健康,还是少吃为妙。"

3. 不要附和闲言闲语

当别人对你说:"他很骄傲,你认为呢?"你会如何作答?你可千万别附和说:"是啊!"因为背后说人坏话的人大多是"广播电台",他和别人说起这件事的时候没准就会说:"某某也是这么说的。"甚至有可能去告诉本人:"某某说你很骄傲。"这种背后打小报告的事总是不胜枚举,常有品德低下的人耍这种手段中伤或暗算竞争对手。所以遇到有人在说闲言闲语时,最好的方法是既不肯定也不否定,听过就算,或者三分否定七分肯定,而那三分否定也不能给对方造成打击,这不仅仅是为了保护自己,也是做人应有的原则。

4. 真诚地赞美对方

赞美人人都会,问题在于是否能恰当运用,给人带来愉悦。否则,牵强的赞美只会使人陷入尴尬的境地,甚至给人留下喜欢"溜须拍马"的印象。

> **读一读**
>
> 有这样一则民间小故事:某君是个马屁精,连阎王都知道他的大名。死后阎王见到他,拍案大怒:"我最恨你这种马屁精。"马屁精忙叩头道:"因为世人都爱被拍马,大王您公正廉明,谁敢拍您的马屁。"阎王一听,顿时怒气全消,连说:"对对对!谅你也不敢拍我的马屁。"

其实每个人都愿意听好话,关键在于恭维也得有分寸。比如和爷爷奶奶辈的人交谈时,可以多称赞他们引以为豪的过去;对父母可以说出你的感恩之情,以感谢他们为你付出的关爱;对师长不妨赞扬他的创造才能和开拓精神;对同学可以称赞他学习上的进步等。但这一切要有根有据,发自内心地赞美,不要夸大其词,否则反而让人心生反感。

俗话说:"患难见真情。"最需要赞美的不是那些功成名就的人,而是那些因才华被埋没而产生自卑感或身处逆境的人。他们平时很难听到一声赞美的话语,一旦当众得到你真诚的赞美,便很有可能因为受到鼓舞而振作精神、大展宏图。可见,赞美不仅可以"锦上添花",而且可以"雪中送炭"。

另外,赞美并非只有用一些固定的词语,见人就说好。有时候,可以借助于身体语言,比如赞许的目光、一个夸奖的手势、友好的微笑都能收到很好的效果。

学会真诚地赞美别人,我们还应该多关注别人的长处和优点,并且及时真诚地告诉对方、赞美对方,这是我们每个人可以做到的,也是别人所需要的。对于别人身上存在的错误和缺点,也不是不可以提出来,而是要以恰当的方式提出来,把想法变成建议和请求告诉对方。

> **技能训练**
>
> 模拟场景:在大街上邂逅了两三年未见的老同学,互道寒暄。注意在对话中加入赞美的语句。
> ....
> ....
> ....

真诚的赞赏可以收到良好的效果,批评和耻笑却会把事情弄糟。大凡成功人物都具备赞赏和鼓励别人的美德,而善于经商的犹太人在与他人交往时,也总是强调别人的优点,真诚地赞赏别人。需要赞美是人的自身需要,赞美具有不可替代的力量。

5. 幽默语言效果非凡

幽默是一个人思想、学识、智慧、灵感、教养、道德等方面高水平的集中体现。它的特点是：在表达方式上能使人轻松愉快；在表达内容上有深刻寓意；在表达目的上是友好、善意的。在人与人的交往中，幽默诙谐的人总是能受到人们的欢迎和喜爱。

读一读

某人家中房屋漏雨，每次申请修缮都没有结果。一天，恰逢领导来体察民情，问及此事，大家以为他会大诉其苦，却没想到他微微一笑说："还好，不是经常，只是下雨时才漏。"一番话引得领导哈哈大笑。几天后，修房事宜就得到了解决。

幽默具有神奇的魅力：可以使人笑逐颜开，给人带来活力；可以驱散疲惫，增添情趣；也可以化解矛盾，提高办事效率。

技能训练

有同学来找你一起看电影，但今天你的作业很多，而且答应妈妈会早点回家。你如何拒绝同学的邀请呢？

....
....
....

我思我悟

我的收获与感悟：

....
....
....

画龙点睛

愚笨的人说想说的话，聪明的人说该说的话；口能吐玫瑰，也能吐蒺藜。

第四节 巧用肢体语言

不管你有没有说话,你的身体都会不断地透露你内心的秘密:你的想法、你的感觉、你的情绪、你的喜好,肢体语言往往能够展现许多非常有价值的信息。经过训练的心理学家,或者只要是一个细心的人,都可以从你的言行举止中揣测出你的想法,甚至在一段时间后可以判断出你的性格。肢体语言可以强化语言沟通的效果,但有时也会起反作用,关键在于沟通者对它的把握与运用。

> **读一读**
>
> 有一个人前去某家大公司应聘。在面试的过程中,面试官临时有事中途离开了,留下他独自等待了很长时间。他先是东张西望,双腿抖动,然后手开始翻动面试官放在桌上的资料。面试官回来后,就很礼貌地请他另谋高就了。

> **小思考**
>
> 他为什么没有被录用?请说明理由。
> ....
> ....
> ....

在与他人交往或工作过程中,由于自己某些举止行为不当而吃到苦头,轻者遭人嫌弃,大家避而远之;重者遭受上司鄙视,不会得到重用。可见,无论是人际交往、公司之间的业务谈判,甚至是各国之间的外交等方面,肢体语言都有着极高的重要性。

一、了解肢体语言

肢体语言是通过身体信息的互动来实现沟通目标的一种沟通方式。通俗地说就是不用讲话,根据对方的表情、动作、服饰等就知道含义的交流方式。肢体语言是非语言沟通的方式之一,其内涵十分丰富且存在差异,为了正确使用肢体语言进行沟通,了解不同国家、不同民族的风俗习惯是十分必要的。

1. 眼睛——心灵的窗户

眼睛是人类面部的感觉器官之一,一直被誉为"心灵的窗户"。世界乒乓球名将邓亚萍在比赛时,总是目光犀利,气势逼人。当时的解说员是这样形容她的眼睛的:"她的眼睛透露出一种杀气,对手往往还没有交手,就被她的眼睛震慑住了。"我们也常常看到这样的描述:一双贼溜溜的眼睛,一双无精打采的眼睛,一双忧愁的眼睛,一双机灵的眼睛,一双热情的眼睛,一双微笑的眼睛,一双游移不定的眼睛,这些描述不都体现了一个人的内心世界吗?当你不耐烦时,最先表现出来的是你的眼睛,当你生气时,你的眼睛会同时有所表现。当我们知道这些时,要管好自己的眼神,做到喜怒哀乐不形于色。

在社交活动中,眼神的运用要符合一定的礼仪规范,特别是与人交谈的时候,如果对对方讲的话感兴趣,就要用柔和、友善的目光正视对方的眼睛;如果想要中断与对方的谈话,可以有意识将目光稍微转向他处;当对方一时说错了话表现出拘谨害羞时,不要马上转移自己的视线,但如果还要继续谈话时,就不要再看着对方了,以免加剧尴尬局面;谈得很投入时,不要东张西望。切记不能将目光长时间集中在对方的脸上或身体的某一部位,特别是初次见面或异性之间。在不太亲密的交往对象之间,长时间直盯着对方,是一种很失礼的行为。

拓展学习

与眼神有关的礼仪

2. 脸庞——蕴含丰富的内心世界

在生活中,表情是一种无声语言,也能起到交流感情和表达意思的作用。人的面部表情除了眼神之外,还包括眉、面部肌肉的变化。比如:眉头紧皱表示不满、为难、厌烦或在思索;眉梢轻挑表示怀疑和疑问;双眉向上斜立表示气恼、愤怒或仇恨。因此,在平时的生活中要保持眉头舒展,人自然也会变得开朗。

人在微笑时总是美丽的。谁不喜欢看到一张微笑的脸庞呢?当你笑的时候,心情会随之飞扬;多保持快乐的表情,相信对人际关系是有利的。如果你想"朋友遍天下",不妨试着在镜子前面训练自己微笑的表情。

> **小思考**
>
> 你认为什么样的微笑是最美丽的?
>
> ....
> ....
> ....

> **读一读**
>
> 　　大家知道在很多欧美观众的心里,他们最喜欢的演员之一是谁吗?对了,就是奥黛丽·赫本。而她最迷人的表情就是她特有的微笑。大家也许不知道,在赫本还没有成为世界瞩目的明星之前,一位教她形体的老师就要她天天做一个动作,那就是对着镜子练习微笑,笑到自己对镜子里的自己满意为止。起先,赫本很不以为然,不知道这是为了什么,根本不把那个老师的话放在心里,但老师很严格,她也没办法,于是对着镜子天天笑,最后她就去问老师这是为什么。老师就告诉她,想成为一名好演员,首先要让观众喜欢你,那就要用你最迷人的微笑去打动他们,这样你才能成功……赫本听完恍然大悟,马上继续开始她的练习,在经过长久的训练后,终于成功了。直到后来她把所有的观众都当作她自己的镜子,把最美丽的笑容永远留在了观众心中。

　　生活中,医生的微笑可以让病人安心;空姐的微笑可以带给旅客舒心的空中旅行;售货员的微笑可以让顾客买得放心、用得安心。可见微笑会给人带来温暖和信心。真心的微笑比语言更具力量。俗话说"万事笑先行",微笑不但可以表现出温馨、亲切的表情,能有效缩短双方的距离,给对方留下美好的印象,而且可以形成融洽的交往氛围。所以微笑是人际交往中的润滑剂,是广交朋友、化解矛盾的有效手段。

　　不论何时何地都把你迷人的微笑展示给所有人,这样不管是在学习、生活还是工作中,你都可以用你最真诚的微笑打动别人,树立良好的个人形象。

> **技能训练**
>
> 　　用你的表情去打动身边的所有人:
> (1) 拍照的时候叫"茄子"。
> (2) 用你的嘴巴做"一"字的训练。
> (3) 训练如下的表情:浓眉倒竖(发怒)、横眉冷对(蔑视)、挤眉弄眼(戏弄)、低眉顺眼(顺从)、扬眉吐气(畅快)、眉飞色舞(兴奋);嘴角下撇(伤心)、嘴角上扬(快乐)、瞠目

结舌(惊讶)、咬牙切齿(仇恨)、紧咬下唇(忍耐)。

（4）现在你是一家知名餐厅的服务人员,今天你们要接待一位聋哑客人,这时你该怎么办呢?

3. 体姿——魅力的体现

肢体动作在有意或无意间也会传递你的情感。我国著名舞蹈家杨丽萍的孔雀舞,举手投足之间,让我们看到了美丽的孔雀"迎风挺立""跳跃旋转""展翅飞翔",但更让我们看到的是舞者灵与肉的交融、呈现。而有些人紧张时,会不由自主地搓动双手,需要时间做别的事情时,会不停地看表,这些都是一种下意识的行为。

二、巧用肢体语言

1. 了解文化差异避免误会

民族之间、国家之间由于文化不一样,对于某些非口语的信息也会产生不一样的解读。

在中国,当人们初次见面时,如果男士主动过去并抓住女士的手吻一下,肯定会招致非议。而在波兰这就是最平常不过的事了,如果男士对女士不行吻手礼,反而是无礼的表现。

2. 学用肢体语言表达难言的请求

① 拒绝的表达:可以面露难色。
② 告诉对方你很忙:整理文件、看表。
③ 对别人的言论不想表态:用微笑面对他。
④ 心里不同意对方说的:整理、拍打衣服上看不见的尘土。

由此我们可以看出,肢体语言是丰富多彩的,要留心观察并积累。

技能训练

你和你的朋友约好见面,但过了约定时间朋友还没有到,你很焦急。请通过肢体语言来表达你的心情。

三、肢体语言的作用

肢体语言是较为普遍的沟通方式之一,我们平时都在自觉或不自觉地使用着,它可以加强语言沟通的效果,有时又可以代替语言信息,在某些情况下,它的影响力甚至胜于语言的沟通。

1. 补充语言信息

人们运用语言行为来沟通思想、表达情感，往往有词不达意或难尽其意的时候，因此需要同时使用非语言行为来作辅助，使自己的意图得到更充分、更完善的表达。例如，当你与分别了很久的老友见面，除了说："太好了，见到你太高兴了。"你还会久久地握住他的手或紧紧地拥抱他。这种身体动作传递的就是语言无法表达的情感。又如，你想跟大家描绘在动物园里看到一只大猩猩，如果学大猩猩的样子走几步，效果肯定会更好。

技能训练

> 写出一组动物或体育项目，然后两人一组，一人表演一人猜答案，表演者不能说话，从中体会肢体语言。
>
> _____
> _____
> _____

2. 代替语言信息

非语言信息有时能代替语言信息。不知同学们有没有注意到老师平时上课时，如果教室里声音太吵了，老师会停下来，给某个同学一个眼神、一个示意，一般他就会安静下来并不好意思地低下了头。这就是老师合理地利用非语言信息进行有效的沟通，甚至比点名批评取得的效果还要好。还有当你惹妈妈生气了，你不好意思向妈妈道歉，于是吃完饭主动收拾餐桌，并且把一杯热茶端到妈妈面前，这一切都表明你在向妈妈表达歉意。

3. 树立形象

非语言沟通既能帮助我们在他人面前恰如其分地表现自己的形象，也可帮助我们了解他人所表现的形象。经验告诉我们，对一个人的认识在很大程度上来自对其非语言行为的观察。诸如年龄、身份、地位、兴趣、爱好、情感、意志、态度、倾向等有关的信息，都可以从非语言行为中表现出来。比如当一位西装革履、谈吐儒雅、眼神坚定的绅士来向你推销，同时还有一位西装笔挺却眼神飘忽的男士也向你推销同一种商品，你更相信哪一位呢？答案不言自明，你肯定会这样想：那位眼睛乱看的人不会是在侦察我家情况、打什么坏主意吧，我得提防着点。

掌握非语言沟通的技能包括两个方面：观察对方的非语言信息；适当地发出自己的非语言信息。就前者而言，如果能敏锐地感受他人发出的信号，并且加以适当的回应，有助于我们在人际沟通中占据优势，还可以从中了解对方的真实意图、情绪，以便适时采取应对措施，引导出想要的结果来。就后者而言，如果能熟练地运用肢体语言，就能在沟通中更多、更快地表达自己的用意，轻松地达成沟通目的。但需要注意的是，必须将所有分散的动作加以组合解读，才能准确、完整地理解肢体语言的意义。若对一个姿势或一个肢体动作单独解释，不但难以判断,即使得到了判断结果,也往往是靠不住的。

> **小思考**
>
> 我们身体的哪一部分情感最丰富?

技能训练

（1）老师可以准备八张纸,每张纸上分别写上悲伤、惊喜、愤怒、快乐、害怕、厌恶、怀疑、无聊等情绪,然后请同学轮流上台来抽签,并且当众用表情演绎纸上所写的情绪,由台下的同学来猜,不断重复直到大家对各种表情都熟悉为止。

（2）请说出下列肢体语言的含义：

手指不断敲击桌面

皱眉头

脸红

摸鼻子

双臂交叉抱于胸前

伸出手掌,拇指和食指围成一个圈

举起手,手掌向外

我思我悟

我的收获与感悟：

> **画龙点睛**
>
> 如果你想成为一个善于交际的人,理解非语言行为是很重要的。

本章回顾

塑造有效的沟通风格前提:

1. 巧妙的提问可以改变我们思考问题、解决问题的方式,关键在于问什么、怎么问。

2. 认真倾听是对别人的尊重,能赢得别人的信任,在沟通过程中,我们应消除障碍,让倾听更完整。

3. 动听的语言如和煦的春风,温暖我们的心灵,要用真诚的语言表达你的信息,要懂得赞美别人,千万不要附和别人的闲言闲语,从细节处体现你的情操。

4. 发挥你的肢体语言,它是语言沟通的补充,体现你的内在气质。

本章练习

一、简答题

1. 提问的方式有哪几种?

2. 提问时应注意的要点有哪些?

3. 请概括倾听过程中可能存在的障碍。

4. 在沟通过程中,肢体语言可以起到什么作用?

5. 肢体语言沟通的表现形式有哪几种？

....
....
....

二、测一测

想知道自己的沟通能力如何，回答下面的问题，它们会告诉你。

(1) 你沟通时遵循了诚信原则吗？
  A．经常 B．偶尔 C．不

(2) 你讲话时有口头禅吗？
  A．不 B．偶尔 C．经常

(3) 你会主动与别人打招呼吗？
  A．经常 B．偶尔 C．不

(4) 你关心社会时政新闻吗？
  A．经常 B．偶尔 C．不

(5) 你常常会赞美别人吗？
  A．经常 B．偶尔 C．不

(6) 你是否在寒暄之后，很快就找到双方共同感兴趣的话题？
  A．经常 B．偶尔 C．不

(7) 你同他（她）谈话时，眼睛会望着别处吗？
  A．不 B．偶尔 C．经常

(8) 你喜欢拿别人开玩笑，丝毫不顾别人的心情、自尊吗？
  A．不 B．偶尔 C．经常

(9) 你经常与你的家人、朋友联络吗？
  A．经常 B．偶尔 C．不

(10) 你能从冲突或错误中吸取经验教训吗？
  A．经常 B．偶尔 C．不

(11) 你能满足朋友的需求，真诚地关心他们吗？
  A．经常 B．偶尔 C．不

(12) 当你和别人谈话时，你是否注意对方，倾听并分析对方的话语？
  A．经常 B．偶尔 C．不

(13) 每次在重要场合说话时，你都能自然大方地表现自己吗？
  A．经常 B．偶尔 C．不

(14) 别人不同意你阐述的观点，你会据理力争并争得面红耳赤吗？
  A．不 B．偶尔 C．经常

(15) 你喜欢参加集体活动吗?
  A．经常   B．偶尔   C．不

(16) 你是否会为了自己的利益,而向别人说假话呢?
  A．不   B．偶尔   C．经常

(17) 你是否认为你最快乐的时候,是在你远离人群独处的时候?
  A．不   B．偶尔   C．经常

(18) 假若别人谈到了你不感兴趣的话题,你会随时打断对方吗?
  A．不   B．偶尔   C．经常

(19) 你是否觉得和别人建立友谊是一件很难的事?
  A．不   B．偶尔   C．经常

(20) 因某事而情绪激动或心情不好时,你是否会把自己的情绪发泄在他人身上?
  A．不   B．偶尔   C．经常

得分说明:选A计5分;选B计3分;选C计1分。如果你的得分在80分以上,说明你有良好的沟通能力,你是一个处处受欢迎的人;60～80分次之,说明你的沟通能力还可以有进一步提升;若在60分以下,你就要好好地反省,尝试改变自己了。

第三章
举止得体让你更具风采

本章引言

我们拥有青春的脸庞，
我们拥有青春的激情，
我们拥有青春的活力，
借助礼仪的翅膀，
让我们在人生路上飞得更高、更稳，
魅力无极限！
有一颗叫礼仪的种子，
已种在了我小小的心田，
慢慢地发芽、成长……

知识目标

1. 知道礼仪对人际交往的重要作用；
2. 能归纳不同类型礼仪不同层面的规范要点；
3. 了解仪表、体姿、生活等礼仪的各个环节。

能力目标

能在不同场合中恰当运用规范礼仪。

情感目标

在学习和工作中养成良好的礼仪习惯。

思维导图

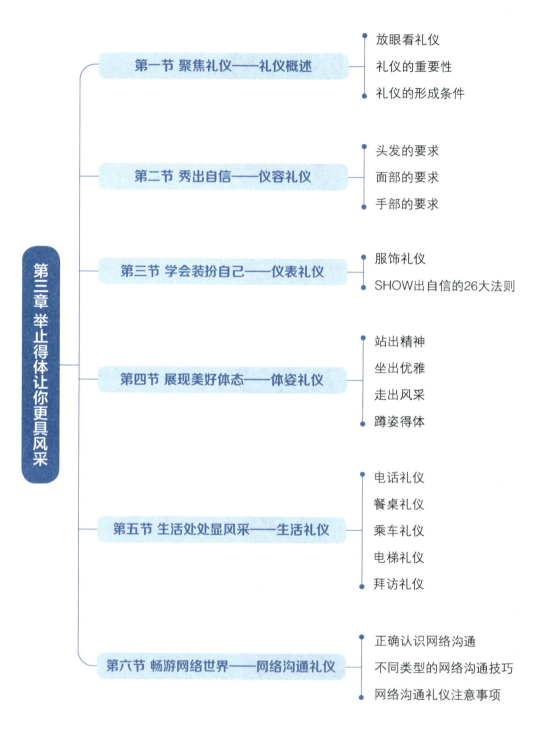

第一节
聚焦礼仪——礼仪概述

什么是礼仪呢？礼仪是人类为维持社会正常生活而约定俗成的、共同认可的行为规范。它是人们在长期共同生活和相互交往中逐渐形成的，并且以风俗、习惯和传统礼节等方式固定下来，同时以一定的精神约束力支配着每个人的行为，也是适应时代发展、促进个人进步并取得成功的重要途径。简单地说，礼仪就是律己、敬人的一种行为规范，是表现对他人尊重和理解的过程和手段。

对个人来说，礼仪是一个人思想道德水平、文化修养、交际能力的外在表现；对一个国家来说，礼仪是一个国家社会文明秩序、道德风尚和生活习惯的反映。

举止是一个人外在的表现，举止得体就是举止符合礼貌、礼节，即符合一定的礼仪规范。得体的举止不仅可以反映一个人的修养和文化水平，同时也可以帮助一个人在生活、工作和学习中更好地展现自己的风采和魅力。

那么，握手是礼仪吗？吃饭有礼仪吗？坐车需要礼仪吗？我们身边有哪些行为需要用礼仪来规范呢？

> **读一读**
>
> 过新年了，小林在家庭聚会上吃得十分畅快，在开始用餐之后便一而再、再而三地解除自己身上的"束缚"：先是解开领扣，再是松开腰带、卷起袖管，吃到了最后，竟然又悄悄地脱去自己的鞋子，把脚盘在了椅子上。而他在吃东西时，还有意无意地咂巴嘴，吃得訇然作响。

> **小思考**
>
> 如果你和小林一起同桌用餐，看到小林这样，会有什么感觉？如果你参加类似的聚会，你会怎么做？
>
> ....
> ....
> ....

类似不文明的举动在日常生活中并不少见，但是从中我们看到，不注重礼节，势必会影响人与人之间的和谐相处，只有正确使用各种礼仪才能在人际交往中游刃有余。

一、放眼看礼仪

礼仪是人们在社会交往中由于受历史传统、风俗习惯、宗教信仰、时代潮流等因素的影响而形成,既为人们所认同,又为人们所遵守,以建立和谐关系为目的的各种符合礼的精神及要求的行为准则或规范的总和。礼仪是以一定的或者约定俗成的程序和方式来表现律己、敬人和素养的过程。礼仪之礼者,敬人也,是做人的要求,即应尊重对方;仪则是形式,即把礼表现出来的形式。两者相辅相成,在人际交往中缺一不可。

礼仪是一门艺术。在与人交往的过程中,同样的目的采用不同的实现方式,结果往往会有天壤之别。为了使礼仪活动达到预期的最佳效果,在交往过程中,应该铭记礼仪的基本要求。

礼仪也是一门技巧。掌握这些礼仪中的技巧(如:语言技巧、接待技巧、打电话技巧等)能使你避免行为失当,能使你在最短的时间里获得对方更多的信息,能使你在众多矛盾中找到解决问题的突破口。

礼仪应体现在我们生活的每个角落中,只要有人的地方就需要有礼仪的存在。我们的仪表要礼仪、坐车要礼仪、吃饭要礼仪、电话少不了礼仪、拜访更需要礼仪……礼仪是现代生活必不可少的组成部分,没有礼仪我们将没有办法规范我们的行为。

> **小思考**
>
> 就你现在的生活而言,你认为礼仪体现在哪些方面?
> ....
> ....
> ....

二、礼仪的重要性

1. 有助于内强素质、外塑形象

在人际交往中,礼仪往往是衡量一个人文明程度的准绳,它反映了一个人的气质风度、阅历见识、道德情操和精神面貌。因此,从这个意义上讲,礼仪即教养,有教养才是文明人。通过一个人对礼仪的运用程度,可以察其教养的高低、文明的程度及道德水准。如果我们时时处处都能以礼待人,那么就会使我们显得很有修养。"穷则独善其身,达则兼济天下;修身齐家治国平天下。"中国古人把修身放在首位。教养体现细节,细节展示形象。

> **读一读**
>
> 某知名企业一个重要岗位虚位待贤。招聘广告发出后,第二天即有五十个人来应

征。人事经理于是从这五十人中选了一位,其余的人则只好另觅他职。岗位主管问这位经理说:"那人连一封推荐信也没有,你为什么这么快就选中他呢?"经理答道:"对于业务能力,很多人都能达到要求,但是这个男孩却有其他的过人之处。你看当他进入公司前,会在门前的脚垫上将鞋底清干净,之后又将大门轻轻关上,这显示出他做事非常谨慎。后来,他在大堂等待时,看到有腿脚不便的老人驻足,随即将座位让给了他,这说明他富有爱心。"经理接着又说:"进入室内,他随即脱下帽子,别人问他话,也能认真作答,这显示他注重礼节,具有绅士风度。我故意将一本书放在地上,其他应征者都好似没看见,直接跨了过去,那男孩却能将书捡起来,放回桌上,这证明他是个有条不紊、注重纪律的人。当他在等候面试时,表现得安安静静,不像有些人会挤成一团,推推搡搡。当我跟他谈话时,我注意到他的衣着极为整洁,头发也梳得整整齐齐,连指甲也是干干净净的。我从他的言行举止判断他就是最合适的人。"

小思考

从这个故事中你能得到什么启发?

....

....

....

2. 有助于改善人际关系

礼仪本身就是一个人修养、自尊和品位格调的体现,要获得别人的尊敬就必须按照一定的礼仪和规范行动,形成自觉的意识并付诸实践。在日常生活和工作中,礼仪能够调节人际关系,从一定意义上说,礼仪是人际交往和谐发展的调节器,人们在交往时遵循礼仪规范,有助于加强人们之间的互相尊重,促进双方建立友好合作的关系。一般来说,人们受到尊重、礼遇、赞同和帮助就会产生吸引心理,形成友谊关系;反之会产生敌对、抵触、反感,甚至招来憎恶的心理。

读一读

同学们在操场上玩足球,孟天负责守球门。突然一只足球朝着球门飞过来,他冲上去扑住了球,但鼻子却流出了血。看见这种情况,有些同学仍然若无其事继续说笑,有些同学大声地嘲笑他,还有些同学甚至不理,上去抢球,继续玩。李强看见后冲了上去,一把扶起孟天,拿出纸巾让他塞在鼻子中,帮助他止血。

小思考

你怎样看待这些同学的行为?

....
....
....

3. 有助于净化社会风气

以礼仪来净化社会风气,减少彼此间的摩擦,消融彼此间的怨恨,使社会更和谐。当别人表现无礼时,不但不能以同样无礼的态度来回敬,还应该告诉自己:为了要让自己活得健康一点、快乐一点,应该礼让他,并且由衷地、心口一致地以礼待人,相信这样一定能消融彼此的怨恨。

一个能够做到"礼尚往来"的人,一定是懂得尊重他人、感谢他人的人。如果人人都能做到多一分礼貌的言行,就可以减少一分暴戾之气,我们的社会就会更加和谐、更加繁荣,我们的生活也将更安全、更安定。

读一读

某日,网上爆出了一则新闻:有一个人因为过马路不走斑马线而被交通警察拦住,并要求罚款。当事人不但不认错,还粗暴地打骂交警。结果,当事人被带到了派出所,经查此人还是某名牌大学高材生,最终当事人被判拘留十天。当许多市民看到这一不遵循礼仪的行为后,纷纷发表了自己的意见。

小思考

你认为这个人的行为具有哪些危害?

....
....
....

4. 有助于获得成功的沟通

沟通在生活中就如人的血脉,如果沟通不畅,就如同血管栓塞,其后果可想而知。所以,要学会沟通还必须掌握其途径。而礼仪就是帮助沟通成功的重要途径和保障。在交往初期,它所代表的还是一种印象,人们一般在见面15秒钟内就能形成第一印象,美好的第一印象来自你的礼仪修养,如:装扮、举止、语言是否得体。美好的第一印象会给下一步的沟通敞开一扇门。要想使沟通锦上添花,就必须学好礼仪。

> **读一读**
>
> 有一位表演大师上场前,他的弟子告诉他鞋带松了。大师点头致谢,蹲下来仔细系好。等到弟子转身后,又蹲下来将鞋带解开。
>
> 有个旁观者看到了这一切,不解地问:"大师,您为什么又要将鞋带解开呢?"大师回答道:"因为我饰演的是一位劳累的旅者,长途跋涉让他的鞋带松开了,可以通过这个细节表现他的劳累憔悴。"
>
> "那你为什么不直接告诉你的弟子呢?"
>
> "他能细心地发现我的鞋带松了,并且热心地告诉我,我一定要保护他这种热情的积极性,及时地给他鼓励。至于为什么要将鞋带解开,将来会有更多的机会教他表演,我可以下一次再说啊。"

三、礼仪的形成条件

随着人们在生活和工作中交往日渐增多,了解礼仪的内容和要求、掌握与人交往的技巧显得尤为重要。人和人之间有接触才有了解,有了解才能沟通,有沟通才会互动,这是礼仪形成的前提和必不可少的条件。

1. 沟通

所谓沟通就是要取得相互理解,只有双向的了解,才能达成真正的沟通。而沟通是礼仪的必要组成部分,如果缺少了沟通,礼仪也不能尽善尽美。

2. 认知

所谓"内行看门道,外行看热闹"。在正式场合中,很多事物都有其一定的规则。如果你对这些规则没有认知,就会闹笑话。如喝干白可以加冰块,喝干红则什么都不加,如果你喝干红加冰块,就失礼了。又如喝咖啡时不能乱用匙子,咖啡匙的用途有二:一是加了牛奶、糖块搅拌用的;二是觉得咖啡特别烫时,用来搅一搅降温。如果你拿着匙子舀咖啡喝,就说明你不懂规矩。所以我们必须对礼仪规范有充分认知才行。

3. 互动

所谓互动,就是要获得对方的反馈,产生结果。如你在家里请人吃饭,明明准备了很多好吃的,你却说:"饭做得不好,请多包涵。"实际上是表示谦虚。又如你去拜访别人,人家正准备出门办事,如果那时你没有及时响应,还继续拜访程序,那就会给人家留下不好的印象,你的拜访也不会成功。礼仪也是在互动过程中产生的。

礼仪在我们生活中是无处不在的,要想在生活和工作中体现出个人的魅力,那就需要我们大家一起从现在开始学习并掌握礼仪。

> **小思考**
>
> 作为一名学生,你认为应该从几方面加强礼仪修养,才能真正体现一个学生的气质?
> ....
> ....
> ....

> **画龙点睛**
>
> 礼仪是行为规范,礼仪是艺术,礼仪是技巧。

> **我思我悟**
>
> 学了本节内容,你怎么看礼仪呢?
> ....
> ....
> ....

第二节 秀出自信——仪容礼仪

　　个人形象是人际交往的一张立体名片。一个人的外在形象不仅代表着个人,还代表着家风、家教,更代表着所在的群体、部门、城市,甚至民族、国家的形象。人的外在形象不只局限于外貌,一个人的举手投足都是外在形象的表现,良好的外在形象能够帮助你获得他人的青睐。而仪容仪表能给人留下最直接的"第一印象",同时也最能反映出一个人的精神面貌。

　　仪容是指一个人的容貌,是一个人仪表的重要组成部分。纯净、端庄的仪容是对自己的肯定,也是对他人的尊重,它会使你在人际交往中增添一份自信。不管是学生还是即将步入社会的新人,或是有着重要身份的人,都应重视打理自己的仪容。仪容的礼仪是改变一个人的第一步。

　　仪容礼仪包括了对头发、面部及手部三方面的要求。

一、对头发的要求

头发是人体的最高点,最能吸引他人的注意力。拥有健康、茂密的头发和适合的发型可以使男性焕发精神、树立自信,使女性变得更加迷人。

作为学生,保持自然美和质朴美很重要。女生的发式以清爽、自然为好,烫染头发虽然时髦,但多少都会造成发质受损,也破坏了原有的自然美。男生基本上是学生头看着最清爽、富有朝气,头发留太长容易给人一种萎靡、邋遢的感觉。

进入职场,女士的发型发式应该保持美观、大方。有时可以选择一些合适的发卡或发带来装饰发型。但需要特别注意的是,发卡、发带式样应该庄重大气,这样才不会破坏发型的美观。男士发型发式的标准则是干净、整洁为宜,要注意经常修剪,保持头发长度适中,做到前不覆额,侧不过耳,后不及领,鬓角不宜过长,可以适量使用一些发蜡、发胶,避免发顶太高影响整体造型。

在我们目前所处的自然环境中,灰尘、粉尘、各种化学物及微生物(细菌、霉菌)无时无刻不在侵袭着我们。一天下来,不知有多少脏东西在我们的头发和头皮上"安家落户"了,因而需要经常清洗头发来保持头部的清洁。洗去头发上堆积的尘埃、污垢和油脂,保持健康清爽让人更自信。

 技能训练

跟随视频,学习一点盘发的技巧。

拓展学习

职业盘发
小技巧

二、对面部的要求

不论男女都应注意修饰面部,时刻保持容光焕发、充满活力,给对方留下良好的印象。

化妆是修饰仪容一种有效的方法,是指采用化妆品按一定的技法对面部进行修饰、装扮,以便使自己容貌变得更加靓丽。

1. 化妆的基本原则

(1) 了解自身条件

对自己的年龄、身材、肤色、容貌等必须有正确、客观、实事求是的认识和评价,要明确自己的优势与不足。尤其是对不足之处更要有自知之明。

(2) 重视自身特点

在化妆时,要区别对待自身的特点,进行有针对性的化妆。同样的部位,对于不同人往往需要选择不同的化妆方法,才能达到美化的效果。

(3) 弥补自身缺陷

化妆应当兼顾扬长与避短,但重点应是避短,即弥补自己的"美中不足"。强调避短,是通过修饰补上不足之处,那么这往往也意味着美的增加。

(4) 适量使用香水

香水的使用正如为人处世,只有含蓄一些才更有魅力。如果过量地使用香水,有可能引起别人的反感。相比而言,夏天宜用较清淡的香水,冬天或晚上可用较浓郁的香水,但是切忌同时使用两种香水,会让味道变得奇怪。

(5) 避免出现残妆

在社交场合要维护妆容的完整性。用餐、饮水、休息、出汗、沐浴之后,一定要及时地为自己补妆。

(6) 注意选择场合

化妆实际上属于个人隐私,原则上只能在家中进行。但如果事出有因,在其他场合需要临时化妆或补妆时,则应选择隐蔽之处,如:化妆室或洗手间。

2. 女性妆容的基本原则

(1) 根据不同场合,进行不同风格的化妆

女性化妆主要是为了给人家留下一个好的印象,为自己创造一个好的机会,但千万不要过度化妆。白天在自然光下,一般略施粉黛即可;职业女性的工作妆应以淡雅、清新、自然为宜。浓妆多为参加晚间娱乐活动的女性装扮。但对于学生来说,上学是不需要化妆的,只有在特定场合或进入社会后才需要通过化妆展示自己不同风貌。而在正式的社交场合,女性不化妆往往会被认为是不礼貌的表现。

(2) 根据职业特点进行不同风格的化妆

职场女性的妆容要根据本身职业性质、年龄对化妆进行选择和取舍。在办公室、舞会或重要仪式上的妆容应该是不一样的,不能以不变应万变。很多女士常常是"以一张脸示人",走到哪儿都是一个妆容,这也是不可取的。还有,了解和应用时尚元素也很重要,但也不能不管自己的年龄和身材特征,一味地赶时髦。妆容要符合自己的身份,正如学生要有学生的样子,老师同样要为人师表。要知道很多新时尚都是针对特定年龄段和群体而推出的,看别人那样化妆很好看,用到自己脸上就不一定合适,这点千万要注意。

总之,在商务交往中,对化妆的总体要求是:清淡自然、整体协调、提升美观度、不过分引人注目。

化妆的禁忌是:当众化妆、以残妆示人、非议他人的妆容、借用他人的化妆品等。

3. 男性妆容的基本原则

一位对"小节"嗤之以鼻的人,某日到好友家去做客:看到友人家的小孩一脸痛苦状,便上前关心询问,小孩反问他:"叔叔,你身上的味道为什么那么像动物园里的大象呀?"

相信这位叔叔此时一定是很尴尬的。男性在平时也要注意自己的仪容,但一般男性是不需要化妆的。在平时的生活中,应以保持个人清洁为主。

(1) **胡子**

胡子要每天刮除,以免让人感觉邋遢。

(2) **面容**

男性的毛孔天生比较粗大,加上平时工作或运动容易流汗,因此要经常洗脸,保持面部清洁。

三、对手部的要求

手是能显露人体高雅的重要部位,手要清洗干净,指甲要经常修剪、洗刷。指甲长度要适当,在商务场合中不可留长指甲,也不可涂颜色过分艳丽的指甲油。

技能训练

职业男性仪容自检表
☐ 头发是否干净、无头屑?
☐ 头发是否梳理得干净、整齐?
☐ 头发的长度适合吗?
☐ 头发染的颜色是否过于鲜艳?
☐ 胡须刮干净了吗?
☐ 牙齿每天刷干净了吗?
☐ 口中是否会有烟味、酒味、蒜味等异味?
☐ 手部是否干净,指甲是否过长?
☐ 每天都有洗澡吗?
☐ 鼻毛修理干净了吗?

职业女士仪容自检表
☐ 头发是否干净、无头屑?

☐头发是否梳理得干净、整齐？
☐头发染的颜色是否过于鲜艳？
☐发饰是否过于夸张？
☐牙齿每天刷干净了吗？
☐口中是否会有烟味、酒味、蒜味等异味？
☐手部及指甲缝干净吗？
☐是否做了过于夸张的美甲？
☐妆面干净吗？
☐香水味儿会太重吗？

第三节
学会装扮自己——仪表礼仪

仪表，即人的外表，包括容貌、举止、姿态、风度等。在处理政务、商务、事务或一般社交的场合，一个人的仪表不但可以体现他的文化修养，也可以反映他的审美趣味。穿着得体、彬彬有礼，不仅能赢得他人的信赖，给人留下良好的印象，还能提高与人交往的能力。相反，穿着不当、举止不雅，往往会自降身份，甚至自毁形象。由此可见，仪表礼仪既要讲究总体协调，也要注意场合、身份，同时它又是一种文化的体现。

读一读

一个酷热的下午，三个男人都穿着雪白的衬衣，同时走在大街上，走着走着，就出现了三种情况：甲解开了领口处的第一颗纽扣；乙解开了上面的第一、第二颗纽扣；丙不仅把第一、第二颗纽扣解开了，而且还解开了第三颗纽扣。

小思考

我们想一想，这时会出现什么问题？

美与丑之间的距离并非遥不可及,它可能仅仅是这颗纽扣到那颗纽扣之间的距离。我们外在形象的美与丑也是如此。美与不美的形象,可能就在于你的一句话,一个表情,一身打扮。因此,我们要想给人留下美的外在形象,就不能不注意自身的谈吐、举止与着装。

一、抓住属于自己的美丽—— 服饰礼仪

服饰是一种文化,反映了一个民族的文化素养。服饰又是一种语言,能反映出一个人的职业、修养、审美意识。注意服装修饰,懂得不同场合的穿着打扮,会使你的交际更加出彩。

1. 着装的 TPO 原则

TPO 是英文 time、place、object 三个词首字母的缩写。T 代表时间、季节;P 代表地点、场合;O 代表目的、对象。着装的 TPO 原则是世界通行的着装打扮的最基本原则。它要求人们的着装要与时间、季节相吻合;要与场合、环境相吻合;还要根据不同的交往目的和交往对象选择服饰,给人留下良好的印象。

2. 服装的色彩搭配

服装配色以"整体协调"为基本准则。全身着装颜色搭配最好不超过三种颜色,而且以一种颜色为主色调,颜色太多则显得乱而无序,不协调。灰、黑、白三种颜色在服装配色中占有重要位置,几乎可以和任何颜色搭配并且都很和谐。

3. 不同环境下的着装

（1）学习生活中

对你来说,现在的身份就是一名在校读书的学生,而学生尚处在求学阶段,仪容原则上应以端正、自然、质朴为好,服饰应以朴素大方、活泼整洁为好。

技能训练

你来试试为自己、同学们设计一套你理想中的校服。

男生校服	女生校服

（2）工作社交中

选择和搭配服装，还必须考虑适合不同的地点和场合。不论是在铺着丝绒地毯的豪华宾馆，还是在辽阔葱绿的田野里，或是在琳琅满目的商场，以及喧闹的游乐场，着装都应与环境相协调，体现出不同风格。假如你穿着牛仔裤和T恤衫，到五星级宾馆参加盛宴，不但对主人来说是一种不礼貌，自己也会感到有失身份。在缅怀逝人的场合，若有人穿红着绿、浓妆艳抹，就会破坏肃穆

的气氛，招人厌恶。社交界对衣着穿戴非常敏感，尤其是与陌生人初次见面，人们往往会"以貌取人"，从衣着打扮上品评你的才能及人格。只有穿着打扮与环境相得益彰，才能展示出优雅、迷人的风度。要穿出成功的着装，需要从各个方面下手，根据不同的场合穿出不一样的效果，只有掌握了各种细节，了解自身的问题，才能充满自信地展现自己最美的一面。

① 参加派对。

参加派对首先是一件相当愉快的事情，多以便装出席，基本没有限制。但如果是在一定的场合参加，那就应根据场合要求进行调整，服装的要求会根据场合不同而改变，家庭聚会和五星级酒店派对对服装的要求就完全不同。一般的家庭聚会相对可以比较随意，但如果在五星级酒店参加商务类的派对就会比较正式，要记得不同的场合穿不同的衣服，以显示不同的身份。

② 为好朋友过生日。

既然是好朋友过生日，那在服装上基本没要求，可以随性穿戴，但也要根据现场和气氛而定，应以颜色鲜艳、代表喜庆的服装作为参加生日聚会的主要选择。

③ 参加涉外酒会。

涉外酒会的形式多样，主要有正规式和普通式，有时也带点娱乐的色彩，可以根据不同的形式要求调整自己的衣着。

◆ 女士主要着装——礼服

礼服是女性参加一些正式的社交活动时的主要穿着，以华丽的色彩和考究的面料构成，款式以裙装居多。

◆ 男士主要着装——西装

作为一名即将踏上工作岗位的男性，他要做的第一件事就是为自己添置一两套西服。西装是最常见的正式着装，是一种国际标准礼服，适合各种场合。在式样上以单排扣和双排扣为主，面料主要采用纯毛和混纺制品，颜色主要有藏青色、灰色和黑色。

④ 商务洽谈。

◆ 男士着装——西装

在商务洽谈中，男性多以西服为主，因为它是正规服装的标志。商务洽谈作为工作的一部分，这时就不能像酒会一样穿着礼服了，一定要着西装、衬衣、领带出席。

拓展学习

职场男士如何正确穿西装

◆ 女士着装——职业装

不管是商务洽谈还是日常工作中,女性多以职业装作为上班的正规着装。最典型的职业装是西装套装,也就是上身西装、下身裙子,款式不宜太复杂。女西装配西装裙时,西装上衣应长短适中,而肩部过宽的女性,不宜穿挑檐式肩袖的上装,应选择肩部款式平缓的,再配以 V 字领,可使肩部显得窄一些;窄肩体型的女性,适合穿浅色一字领上装;溜肩的女性,可选用全垫肩的款式以增加肩部的高度与宽度,挺括的西装和挑檐式肩袖的上装也都是较为理想的款式。

一般职业装搭配穿着的裙子长度至少应及膝,也可以是普通的长裙,最好是西装套裙。超短裙、无袖式或吊带连衣裙、睡裙只适用于居家或休闲,如果在较正式的场合中穿着则是失礼的。选择裙子要注意其厚薄、色彩与质地,不要使裙装的里衬外露。

⑤ 探望朋友、病人。

探望朋友是十分平常的事情,衣着可以比较随便,但对于探望病人的衣着就应该有所顾忌。病人都希望能恢复健康,所以在探望时不应穿着暗色系的服装,如:灰色、黑色等,应避免带给病人压抑感。

技能训练

结合以上学习的内容,为自己设计一套出席某场合(如:晚宴、商务洽谈、探病人、工作)穿的衣服,并做相应的仪容设计,然后全班进行展示评选。

出席场合	
衣服设计图	

二、SHOW 出自信的 26 大法则

对于马上要步入社会的年轻人,遵照以下的仪容守则就可以使你在未来职业的社交舞台上尽显个人风采。

1. 男士仪容

① 发型大方、不怪异,长短适中,头发干净整洁、无汗味、没头屑,不抹过多的发胶,以免把头发弄得像刺一样硬。

② 鬓角与胡子要刮干净。

③ 适当涂些不同功效的护肤品,不要让脸上皮肤太干或油光满面的。

④ 衬衣领口整洁,纽扣扣好。

⑤ 耳朵两侧清洁干净,鼻孔内外清洗干净。

⑥ 领带要平整、端正。

⑦ 衣、裤袋口整理服帖,不要塞东西,以免造成鼓鼓的感觉,破坏整体服装的穿着形象。

⑧ 衬衣袖口可露出西装外套0.5~1厘米,不能过长。

⑨ 要经常洗手,手腕也要同时清洗干净,以保持袖口的整洁。

⑩ 指甲剪短并精心修理过,手指干净,没有多余的死皮。常用热水清洗,必要时擦一些护手霜,保持手的湿润与柔软。

⑪ 裤子要熨直,折痕清晰。裤型不紧不松,裁剪合身,长及鞋面。

⑫ 鞋面与两侧同样保持清洁,鞋面要保持光亮,不能有碰擦损痕。

⑬ 不要忘了拉上裤子的前拉链。

2. 女士仪容

① 头发保持干净整洁,有自然光泽,不要太多使用发胶;发型大方、高雅、得体、干练,额前发不要遮眼遮脸为宜。

② 化淡妆、施薄粉、描轻眉,唇色浅红。

③ 服饰端庄,不要太薄、太透、太露。

④ 衬衣领口要干净,不能太复杂、太花哨。

⑤ 可佩戴精致的小饰品,如:点状耳环、细项链等,不要戴太夸张、太突兀的饰品。

⑥ 公司名牌应佩戴在醒目位置,如有私人饰品应取下,不能并列佩戴。

⑦ 衣服口袋中可放薄手帕或单张名片之类的物品,不要塞太多东西。

⑧ 指甲精心修理过,造型不能太怪,也不能留太长的指甲,避免造成工作中的不便。指甲油可用白色、粉色、肉色或透明的,不要使用太浓艳的颜色。

⑨ 工作中着及膝一步裙或裤装,裙子不要太短、太紧,裙装不宜太长、太宽松。

⑩ 衣裤或裙的表面不能有过分明显的内衣痕迹。

⑪ 鞋面洁净,款式大方、简洁,没有过多装饰与色彩;中跟为好,跟不能太高、太尖;也不能是系带式的中性鞋。

⑫ 随时除去粘附在衣服上的头发。

⑬ 丝袜钩破了一定不能再穿,可以在随身包里备一双丝袜。

掌握了以上这些法则,相信你走到哪里都可以保持最好的状态,成为受欢迎的人。

技能训练

结合本节学习的内容,为自己设计一套出席某场合(如:晚宴、商务洽谈、探望病人、工作)穿的衣服,并做相应的仪容设计,然后全班进行展示评选。

我思我悟

学了这节内容,一定从中收获不少,根据自身的问题找找原因,你有什么地方要重新改进?相信同学们的答案现在都是不一样的,你也一定知道接下来你该怎么做了。

……………………………………………………………………………………………………
……………………………………………………………………………………………………
……………………………………………………………………………………………………

第四节
展现美好体态——体姿礼仪

女生为什么看到站在 T 台上走秀的模特会羡慕不已呢?因为模特优美的身姿、走猫步时散发出迷人的气息,深深吸引着她们。而很多男生看了电视里盛大的阅兵式后都会有长大要当解放军的愿望,希望像解放军一样保卫我们的祖国,这又是为什么呢?因为解放军在他们的心目中有着高大威武的形象。古语云:"站如松,坐如钟。"只有做到站有站样、坐有坐样,才能在和别人的交往中体现出卓越的个人风采。

一、站出精神

> **小思考**

上图中的女孩同样站着但有不同的站姿,请问你比较喜欢哪个？为什么？

....

....

....

相信大多数人都会选择右边的那个,因为站要有站相。

站立是生活中最基本的一种举止。所谓站有站相,就是站立时,头正目平,面带微笑,挺拔笔直,挺胸收腹,精神饱满,重心落在双腿之间,双肩放松,双臂自然下垂,放在身体两侧,双腿直立,脚跟紧靠。在公众场合站立时不要过于随便,千万不能耸肩弓背,双腿弯曲,双手插兜,更不要没骨头似的东倒西歪。即使是站立时间太久、感觉疲累时,也不能丢了站相,可以改变双腿重心来调节放松。

规范的站姿要点如下:

身体直立,双手放在身体两侧,双腿自然并拢,脚跟靠紧,脚掌分开呈 V 字。

身体直立,右手搭在左手上,轻轻地贴紧腹部,双腿并拢,脚跟靠紧,脚掌分开呈 V 字。

拓展学习

站出精神

身体直立,右手搭在左手上,轻轻地贴紧腹部,双腿分开,两脚平行比肩宽略窄。

如果站立过久,可以将左脚或右脚交替后撤一步,但上身仍须挺直,脚不可伸得太远,双腿不可叉开过大,变换也不能过于频繁。

女士还可以一只脚略前,一只脚略后,前脚的脚后跟稍稍向后脚的脚背靠拢,后腿的膝盖向前腿靠拢。

> **技能训练**

我来试一试。

二、坐出优雅

> **小思考**
>
> 对比一下,看看你平时是怎样坐的?
>
> ....
> ....
> ....

坐姿同样也反映一个人的内在素质修养。入座后,双手叉腰,或是抱臂胸前,或是整理衣服、不停晃动腿等,都是不规范的。

坐姿包括就座的姿势和坐定的姿势。入座时动作要轻而缓,走到座位面前转身,轻稳地坐下,不应发出嘈杂的声音。在正式场合,一般只坐到座位的2/3。坐下后,两手掌心向下,叠放在两腿之上,两腿自然弯曲,小腿与地面基本垂直,两脚平落地面,男性可以双膝稍隔开一拳或两拳,女性则双膝并拢。

在正式场合入座时,上身自然挺直稍稍向前倾,头部保持平稳,双眼平视,双肩齐平放松,双臂贴身自然下垂,两手随意放在腿上,双膝并拢,双脚自然着地。在进行商务活动的场合中,男女之间也有不同要求的规范坐姿。

1. 女性的坐姿

两腿并拢,膝盖以下同时向左放或向右放,双手分别放在双膝上;也可两腿并拢,两脚交叉,置于一侧。穿裙装时应尽量避免跷腿,否则显得不雅。

2. 男性的坐姿

坐时保持上体挺直,下颌微收,双目平视,两腿稍分但不能超过肩宽,双脚平行,双手分别放在膝上。不能两腿叉开,半躺在椅子里。

在日常生活中,如果一个人在家中,你高兴怎么坐就怎么坐,但一旦介入正式场合或有重要人物在场时,坐就要有个坐相,这会让人更尊重你。如果你懒散地躺在椅子里或是靠在墙上,就会让人觉得你无精打采,谁想和这样一个没有活力的人说话或做事呢?特别是参加社交活动时,如果看到有个人一坐下就两腿叉开、不停抖动,或是高跷二郎腿,这肯定会给你留下非常不好的印象。

> **拓展学习**
>
>
>
> 坐出优雅

> **技能训练**
>
> 假设你现在在老师办公室讨论班级情况,老师请你坐下讲,那你该如何坐呢?
>
> ....
> ....
> ....

三、走出风采

看阅兵式上解放军雄赳赳、气昂昂地迈着正步,看T台上模特小姐踱着猫步、柳腰轻摆,都是一种美的享受。步履稳健、步伐轻盈所给人的感觉永远是朝气蓬勃、积极向上的精神状态。

1. 女士的走姿

抬头、挺胸、收腹,肩膀往后垂,手自然地放在身体两侧,轻轻地摆动。步子也要轻,不能拖泥带水,要始终充满自信。

拓展学习

走出风采

2. 男士的走姿

不需要像女性的步子那样轻盈,但也要抬头挺胸,走出自信。在和女士同行时,要照顾到对方,适当调整步伐节奏,尽量与女士同步并行。

走路应忌内八字和外八字,或者弯腰驼背,或者前俯后仰,或者左右摇晃。这些都是不雅观的动作,不是给人一种病态的感觉,就是让人瞧着不顺眼。行如风,即身体要直立,两眼平视前方,两臂在身体两侧自然摆动,两腿有节奏地交替向前迈步,尽量走在一条直线上。

每个人要从小做起,养成正确的习惯,将来才能在社交场合中体现完美的修养和内在的素质。你只要好好练习,相信很快地,大方、优雅的动作自然会成为你举止的一部分。

技能训练

试一试:走出你成功的"第一步"。

四、蹲姿得体

1. 基本蹲姿

基本蹲姿的要点有:

① 下蹲拾物时,应自然、得体、大方,不遮遮掩掩。

② 下蹲时,两腿要适度、均衡用力,以支撑身体避免滑倒。

拓展学习

蹲姿得体

③ 下蹲时,应使头、胸、膝关节在一个角度上,使蹲姿优美。

④ 女士无论使用哪种蹲姿,都要双腿靠拢,臀部向下。

2. 交叉式蹲姿

这是在实际生活中常常会用到的蹲姿。如集体合影前排需要蹲下时,女士可接受交叉式蹲姿,下蹲时右脚在前,左脚在后,右小腿垂直于地面,全脚着地。左膝由后面伸向右侧,左脚跟抬起,脚掌着地。两腿靠紧,合力支撑身体。臀部向下,上身稍前倾。

3. 高低式蹲姿

下蹲时右脚在前,左脚稍后,两腿靠紧向下蹲。右脚全脚着地,小腿基本垂直于地面,左脚脚跟提起,脚掌着地。左膝低于右膝,左膝内侧靠于右小腿内侧,形成右膝高左膝低的姿态,臀部向下,基本上以左腿支撑身体。

蹲姿禁忌:弯腰捡拾物品时,两腿叉开,臀部向后撅起,是不雅观的姿态。两腿岔开平衡下蹲,其姿态也不优雅。

若需要蹲下用右手来捡东西,可以先走到东西的左边,右脚向后退半步后再蹲下来。脊背保持挺直,臀部确定要蹲下来,避开弯腰翘臀的姿态。男士两腿间可留有适当的缝隙,女士则要两腿并紧,穿着裙装时需更加留意,以免尴尬。

技能训练

如果不小心碰掉了别人的物品,你将如何帮他从地上拾起?请尝试示范操作。

画龙点睛

规范的坐、站、行、蹲是一个人的内在修养和素质的外在表现,是获得他人对于自己良好印象的基础。

我思我悟

说说体姿礼仪在社交中的重要性。

第五节
生活处处显风采——生活礼仪

每个人的生活中处处都应有礼仪,不管是平时吃饭、坐车、拜访,还是拨打电话,礼仪都是不可缺少的一部分。在当今社会,如果一个人在人际交往中不讲究礼仪,那将会被别人看不起。作为一名学生,只有现在掌握好各种礼仪技巧,今后才能处处得心应手。

一、电话礼仪

读一读

一位消费者新买的某品牌电脑出现了故障,于是便从网上查到该公司的电话后打了过去。电话接通后,一位售后人员听消费者反映了问题,犹豫几秒钟后却说道:"我帮你找人来解答,你稍等。"谁知这一等就是好几分钟,这位消费者听到话筒里办公室嘈杂的声音,但就是没人再接电话,而事先接电话的那位售后人员好像也不知去向。

小思考

假如你是这位消费者,在碰到这种情况后,你会怎么样?你还能对这个电脑品牌有好的印象吗?
....
....
....

你觉得这位售后人员的做法怎么样?假如是你,你会怎么做呢?
....
....
....

随着科学技术的发展和人们生活水平的提高,电话的普及率也越来越高,人们早已离不开电话,每天要接、打大量的电话。打电话看起来很容易,对着话筒同对方交谈,看似和当面交谈一样简单,其实不然,打电话大有讲究,可以说也是一门学问、一门艺术。

1. 接电话的礼仪

通话时声音不宜太大，让对方听得清楚就可以，否则对方会感觉不舒服，而且也会影响到办公室里其他人的工作。

接起电话时首先应自报单位名称及所属部门。

接听电话时，要询问对方单位名称及所属部门，转接电话时为指定受话人提供便利。

当对方要找的人不在时，在不了解对方的动机、目的之前，请不要随便传话。一般情况下不要说出指定受话人的行踪。

当你正在通电话，又碰上客人来访时，原则上应先招待来访客人，此时应尽快和通话对方致歉，得到许可后挂断电话。不过，如果电话内容很重要不能马上挂断时，应告知来访的客人稍等，然后继续通话。

在电话中传达事情时，应重复要点，对于数字、日期、时间等，应再次确认以免出错。

如果对方没有报上自己的姓名，而直接询问上司的去向，此时应客气而礼貌地询问："对不起，请问您是哪位？"

要转告正在接待客人的人有电话时，最好不要口头转达，可利用纸条传递口信，这样不仅可以避免泄露信息，也可以避免由于打岔引起的尴尬和不悦。

听不清楚对方说话的内容时，最好不要犹豫，应立即将状况明确告知对方，请对方给予改善。

如果碰到对方拨错号码，不可大声怒斥，或用力挂断电话，应该礼貌告知对方拨错了电话。相反如果是你拨错了电话，应该马上向对方道歉。

如果电话突然发生故障导致通话中断，此时务必换另外的电话再拨给对方，向对方解释清楚情况。

挂断电话前的礼貌不可忽视，要确定对方已挂断电话，才能放下听筒。

转接电话时，如果来电者要找的人不在，对方询问手机号码时，转接者一定要经过要接电话者同意才能把手机号码告诉对方，否则可能严重干扰到要接电话者的工作或生活。

2. 打电话的礼仪

（1）重要的"第一声"，学会问候

"你好，这里是××。"声音清晰、悦耳、吐字清楚，会给对方留下好的印象，对方对你所在单位也会有好印象。在现代生活中，电话交流已经成为人们生活中必不可少的内容，而且成为越来越重要的交流形式。问候是展示一个人形象的第一步，是交流的重中之重。

（2）要有喜悦的心情，讲究礼貌

打电话时我们要保持良好的心情，这样即使对方看不见你，但是从欢快的语调中和礼貌用语上也会被你感染，给对方留下极佳的印象，所以即使在电话中，也要抱着"对方正看着我"的心态去应对。

（3）选择时间

打电话应当选择适当的时间。尽量在通话人上班 10 分钟以后或下班 10 分钟以前拨打，每个工作日早晨 7 点之前，晚上 10 点之后和午休用餐时间，都是不宜打电话的。不要在休息日打电话谈生意，以免影响他人休息。即使客户已将家中的电话号码告诉你，也尽量不要往家中打电话。

读一读

"喂，你给我找一下某某。"一位先生有急事给某客户打电话，拨通电话后，高声地让接电话者去找人。正好那天接电话者心情不佳，听到这种电话心情更是不爽，而且接电话者也知道他要找的人正在开会，这时也不能接听电话，于是接电话者不高兴地说："他不在。"随即挂掉了电话。

小思考

你认为这位先生应该如何做才对呢？如果你是那位客户，在别人没礼貌的情况下，你又该如何对待呢？

....
....
....

技能训练

请班级中两位同学模拟一下打电话和接听电话的过程，其他同学从中找出他们有什么不妥的地方。

....
....
....

读一读

"请问，李彤同学在吗？"李彤的妈妈一听到是个女同学要找自己的儿子，立刻提高了警觉："你是谁啊？哪个学校的？是他同学吗？你找他有什么事吗？你怎么知道我们家电话的？"打电话的女同学听到对方妈妈这么一连串刨根问底的问话，就像是在审讯犯人一样,她马上说:"没什么事,不麻烦您叫他了!"

> **小思考**
>
> 这位女同学怎么了?如果是你,你怎么办?李彤的妈妈这样做对吗?
>
> ....
> ....
> ....

3. 使用手机的礼仪

在日常的社交场合,使用手机也要有规范,在细微之处也能体现一个人的修养。在商业交往中讲究:不响、不听和出去接听。与人交往时,寒暄之后就要把手机关掉,以免让人感到你是三心二意。

(1) 实际的用途

手机作为通信工具,不管有多先进、多昂贵,也只不过是个信息交流工具而已,不是抬高个人身价的"象征物"。拿手机来相互炫耀、攀比,更是完全没有必要。

(2) 要适时地遵守公共秩序

在一些要求保持安静的公共场所是绝对不能发出手机声音的,如影剧院、音乐厅等,还有像开会、上课时都不能让手机发出声音,否则既扰乱人们的思维,又非常不礼貌。此时你就应该把手机自觉地调成静音。

(3) 要维护自身安全

在使用手机的同时,也要考虑使用安全问题,如:在开车的时候,就不能使用手机,一边用手机一边开车属于危险驾驶行为;还有在病房、加油站、飞机上都不能使用手机,因为手机的信号会干扰医疗设备、引发爆炸和干扰航空飞行。这不仅仅是你个人的行为,而且会关系到周围人的生命安全,所以一定要注意。

(4) 短消息的正确使用

> **读一读**
>
> 早上7点多,刘先生的手机就响了,是短信息。刘先生上夜班,同事朋友上午一般都不会来打扰他休息。这会儿睡得正香的刘先生也不愿意起来看短信。但他的手机有未读提示,如果不阅读,每隔几分钟就会发出提示音,没办法,刘先生只得爬出被窝。打开手机一看,居然是短信广告,他顿时鼻子都气歪了,好好的休息被破坏了。

> **小思考**
>
> 碰到这种情况你会怎么处理?
>
> ....
> ....
> ....

发送信息最应注意的是要讲公德。频繁地给对方发送毫无意义的信息,把发信息当成自己打发时间、放松情绪的方式,就是丧失公德的表现。不顾对方是否繁忙、时间是否恰当,就发送信息催促对方或非要跟人家商量事儿,也是干扰他人,所以发送信息之前也要换位思考。

技能训练

> 打电话的时候,不管你是手机还是座机,打电话时谁应该先挂电话?
>
> ....
> ....
> ....

二、餐桌礼仪

1. 中餐

> **读一读**
>
> 节日里明明一家聚餐,订了一间饭店包房,准备愉快地过节。等爸爸把爷爷奶奶从家里接到酒店包房的时候,爷爷很开心地走进包房,偌大的桌子只剩下靠门的 3 个位子了,妈妈、姑姑、姑父、表哥和明明,大大小小的一家子人都各坐其位在一起聊天。爷爷一看,一边叹气一边摇头……

> **小思考**
>
> 爷爷为什么要摇头叹气呢?不是有位子坐吗?有什么不对吗?
>
> ....
> ....
> ....

在商务就餐时,饭桌上的位置有什么讲究吗?
....
....
....

(1) 排位

若是圆桌吃饭,则正对大门的为主客座,(重要的人)左手边依次为2、4、6……右手边依次为3、5、7……直至坐满。

若为八仙桌,如果有正对大门的座位,则正对大门一侧的右位为主客座。如果不正对大门,则面东一侧的右席为首席。然后首席的左手边坐开去为2、4、6,右手边为3、5、7。

技能训练

假设现在有一个可以坐8个人的桌子,有爷爷、奶奶、爸爸、妈妈、姑姑、姑父、表哥和明明,你来安排一下,这些人的座位应该怎么坐?

小思考

假设是公司同事请客,老板也有参加,大家的座位要怎么坐?
....
....
....

(2) 餐桌上的礼节

◆ 当主人示意开始就餐时,客人才能开始,不能抢在主人面前。

◆ 夹菜要文明,应等菜肴转到自己面前时再夹。看别人在夹菜时,不应转动菜盘,等别人夹好后再转。在盘子中夹菜时要注意夹靠近自己这边的菜,而不应在菜盘里来回拨动。一次夹菜也不宜太多。

◆ 细嚼慢咽,不仅有利于消化,更是餐桌上的礼仪要求。

◆ 就餐的动作要文雅,夹菜时不要碰到邻座,不要把盘里的菜拨到桌上,不要把汤泼翻。

◆ 不要在用餐时发出不必要的声音,如喝汤的时候发出很响的声音,也不要在吃菜时发出咂嘴的声音,这些都是很不文明的表现。

◆ 就餐完毕不要有不加控制的打饱嗝等动作,在主人还没有示意结束时,客人不能先离席。

◆ 斟酒时,应从主客斟起,到本人面前要先跳过,最后才自斟。斟酒的时候也不要过满,七成就好,以免溢出,不卫生也不雅观。斟啤酒时要贴着酒杯壁慢慢倒,以防泡沫外溢。

技能训练

由老师现场设计一些不同用餐场景,由同学来表演,并请其他同学及时指正他的不足。

(3) 筷子的使用

◆ 在等待就餐时,不能手拿筷子敲碗、敲桌子等。

◆ 筷子不能一横一竖交叉摆放,不能一根是大头,一根是小头。平时也不宜使用颜色不一或品种不一、长短不一的筷子。筷子要摆放在碗旁边,不能搁在碗上,这是对客人的不敬,同样客人吃完饭后也不能把筷子平放在碗口,这是表示对主人的不满,所以应放在碗旁。

◆ 在给别人夹菜的过程中,要注意避让,防止筷子相互间"打架",要谦让。

◆ 席间说话时,不要把筷子当作道具,在餐桌上随便乱挥,也不要在请别人用菜时,把筷子戳到别人面前,这是绝对失礼的。

(4) 餐桌禁忌

小思考

从以上两张用餐过程的示意图中,你看出了什么?他们错在哪里?

....

....

....

① 吸烟。公共场合不应该吸烟。与外人打交道时,特别是有女性、长者在场时更不应该吸烟,这是一种教养。不吸烟是一个人在餐桌上的基本教养。

② 给他人夹菜。在社交场合,应该做到让菜不夹菜。当你和外人共同进餐时,不要随便

给别人夹菜,因为你并不知道对方爱吃什么、不爱吃什么,而且按照常识,你夹的菜他都必须吃,这样,可能会使对方处于非常尴尬的境地。

③ 劝酒。在餐桌上应该做到助酒不劝酒。国内很多人吃饭时讲究"喝一杯",还喜欢劝酒,于是在酒桌上耗去了很多时间。交往需要摆正自己的位置,以对方为中心,是否喝酒,应尊重对方的意愿。

④ 整理服饰。不应在餐桌上整理服饰。尤其是在国际交往中,女士如在餐桌上整理服饰,拿出小镜子补妆,是非常不礼貌的。

⑤ 吃东西发出声音。吃东西时不应发出声音,这一点主要适用于国际交往。在西方人看来,吃东西发出声音是极不文明的。

2. 西餐

(1) 排位

西餐的位置排列与中餐有相当大的区别,中餐多使用圆桌,而西餐一般都使用长桌。如果男女二人同去餐厅,男士应请女士坐在自己的右边,还得注意不可让她坐在人来人往的过道边。若只有一个靠墙的位置,应请女士就座,男士坐在她的对面。如果两位男士陪同一位女士进餐,女士应坐在两位男士的中间。如果两位同性进餐,那么靠墙的位置应让给其中的年长者。西餐还有个规矩,即是每个人入座或离座,均应从座椅的左侧进出。

(2) 就餐礼仪

> **读一读**
>
> 方明是一位高级经理,受邀参加一家酒店的自助酒会,席间都是和方明有同样工作背景的商务人士,谈话使他和别人找到了很多共同语言。方明越聊越开心,越来越兴奋,不由自主地抓起盘中的鸡腿等食物,把刀叉扔在一边,直接用手就往嘴里送,还不停地一边撕扯着鸡腿一边说话,同时用满是油的手在空中挥舞、比划着……腿也跷到了椅子上。在旁的人,都用很诧异的眼光看着方明,这是一位高级经理吗?在众人鄙夷的眼神中,方明开始意识到了这个问题,可是……
>
> **小思考**
>
> 你来帮方明纠正一下,他错在了哪里?
>
> ....
>
> ....
>
> ....
>
> 你觉得吃西餐时,刀叉应如何使用才是最准确的?(　　)
> A. 左刀右叉　　　B. 左叉右刀　　　C. 两手抓刀　　　D. 两手抓叉

① 刀叉的使用。

刀叉的用法为左手拿叉,右手拿刀。餐桌上摆放的刀叉有一定顺序,一般以三套刀叉居多,用餐时由外向内依次取用。冷盘用叉,吃鱼用银刀叉,吃肉用钢刀叉,吃生菜用叉,布丁或点心用叉或匙,水果用刀叉。用餐过程中,如未吃完,请把刀叉放在盘的两侧,摆放方法是叉在左边面朝下,刀在右边与叉形成一个角;用餐完毕,刀和叉应并排放在盘子的右边或中间,以示意服务员收去。刀放下时刀口应向内。

刀叉礼仪

在席间谈话时,可以不必将刀叉放下。但如果你要做手势,就应该把刀叉放下,切不可拿着刀叉在空中比画,也不能将刀叉竖起来拿着。

技能训练

根据实际情况模拟一个用餐的场景,邀请两个同学,用刀叉用餐,一个同学做服务员,看看他们的礼仪是否符合规范。

② 餐巾的使用。

第一件事就是打开餐巾平铺在自己的膝盖上。餐巾是用来擦嘴和擦手的,切勿用其擦脸或鼻子。进餐中,餐巾应始终放在腿上,如果暂时离开,可将餐巾折起,放在位子上或盘子旁。用餐完毕,将餐巾放到盘子的左手边。

餐巾礼仪

③ 就餐顺序。

头盘→汤→副菜→主菜→蔬菜类菜肴→甜品→咖啡或茶。

④ 就餐标准。

就座时,身体要端正,手肘不要放在桌面上,不可跷足,与餐桌的距离以便于使用餐具为佳。餐台上已摆好的餐具不要随意摆弄。将餐巾对折轻轻放在膝上。

喝汤时不要啜,吃东西时要闭口咀嚼。不要舔嘴唇或咂嘴发出声音。如汤菜过热,可待稍凉后再吃,不要用嘴吹。喝汤时,用汤勺从里向外舀,汤盘中的汤快喝完时,用左手将汤盘的外侧稍稍翘起,用汤勺舀净即可。吃完汤菜时,将汤匙留在汤盘(碗)中,匙把指向自己。

吃鱼、肉等带刺或骨的菜肴时,不要直接外吐,可用餐巾捂嘴轻轻吐在叉上放入盘内。如盘内剩余少量菜肴时,不要用叉子刮盘底,更不要用手指相助食用,而应以小块面包或叉子辅助食用。吃面条时要用叉子先将面条卷起,然后送入口中。

面包一般掰成小块送入口中,不要拿着整块面包去咬。抹黄油和果酱时也要先将面包掰成小块再抹。吃面包可蘸调味汁,吃到连调味汁都不剩,是对厨师的礼貌。注意不要把面包盘子舔得很干净,而要用叉子叉住已撕成小片的面包,蘸取调味汁来吃,才是雅观的做法。

吃鸡时,欧美人多以鸡胸脯肉为主。吃鸡腿时应先用力将骨去掉,不要用手拿着吃。吃鱼时不要将鱼翻身,要吃完上层后用刀叉将鱼骨剔掉后再吃下层。吃肉时,要切一块吃一块,块不能切得过大,或一次将肉都切成块。

喝咖啡时如需添加牛奶或糖,添加后要用小勺搅拌均匀,将小勺放在咖啡的垫碟上。喝时应右手持杯把,左手端垫碟,直接用嘴喝,不要用小勺一勺一勺地舀着喝。吃水果时,不要拿着水果整个去咬,应先用水果刀切成四瓣再用刀去掉皮、核,用叉子叉着吃。

虽然用餐的标准很多,但它可以反映出一个人的文化水平和内在素养。

技能训练

请同学模拟在吃西餐或中餐过程中的各种礼仪,由大家来指出他不规范的地方。

三、乘车礼仪

在日常生活中,我们外出都离不开交通工具。乘坐公交车的礼仪是要遵守秩序,排队上车,遇到老弱病残、孕妇和怀抱小孩的人要主动给予帮助,上车后不要用不文明的动作抢位子等。但是在正式的社交场合,乘坐轿车的礼仪是一个商务人士必备的常识。

读一读

本和露西是男女朋友,有说有笑地准备一起相约出去郊游。在马路上叫了一辆出租车,车一停稳,本不由分说拉开车门就自己坐了进去,坐好后等着露西上车。一路上,露西没说一句话,很生气地看着窗外。本看着生气的露西,一脸迷茫……

小思考

你知道露西怎么了?本又怎么了吗?

....
....
....

1. 坐位

① 乘坐有司机驾驶的小轿车,不管驾驶座在左还是在右(中国、美国等在左,英国、日本等在右),都是以后排右座为首座,左座次之,中座再次之,司机旁边的是末座。

② 如果轿车主人充当司机的话,那司机旁的位置则为首座。其次才是后排右座,再是后排左座,后排中间为末座。

③ 如果你乘坐朋友亲自驾驶的小轿车,而车上又只有你们两个人,那么,你就应该坐到朋友的身边去;可如果是朋友的太太也在车上,你就应该识相地坐到后排去,把那座位让给朋友的太太。

2. 乘车基本礼仪

在个人生活中,怎样登车坐位无关轻重,一旦进入社交活动,它就显得尤为重要了,它体现了一个人的涵养。

① 女士优先。男士要记得时时体现绅士风度,上车时不要急在一时,要先帮女士开车门,让女士先进车里,下车时帮女士拉门,并注意女士出来的时候不要让她头部碰到车顶等细节。

② 送上司、客人坐轿车外出办事,应首先为上司或为客人打开右侧后门,并以手挡住车门上框,同时提醒上司或客人小心,等其坐好后再关门。

③ 女士登车不要一只脚先踏入车内,也不要爬进车内。必须站在座位边上,把身体降低,让臀部坐到位子上,再将双腿一起收进车里,双膝保持合并的姿势。下车时也是如此,先让双腿同时踏到地面上,再起身走出车来,并记得拿回物件,不要在别人的车上乱丢东西。

拓展学习

乘车礼仪

技能训练

在教室中模拟一个乘车的场景,请四位同学一起分别用不同的步骤来操作一下坐车的标准礼仪。

四、电梯礼仪

如今,电梯几乎是所有现代建筑的硬件标配,许多白领每天都要乘坐电梯上下办公大楼,不过有一部分人却很少关注过电梯礼仪。每次大家乘坐电梯的时间只有短短一两分钟,可即使是这么短的时间里,有时也会发生一些不文明现象,如:在电梯厢内大声说话、吸烟、抢乘电梯等。如果不注意这些细节,或是完全不顾及电梯礼仪,就可能会出现一些比较尴尬的场面,甚至是引发电梯安全事故。那么,电梯礼仪及注意事项有哪些呢?

读一读

一天,一位客人从所住楼层乘坐酒店观光电梯准备去到大堂。当电梯下行至酒店行政办公楼层时,走进来两位身着酒店制服,正准备去参加每月生日会的员工。其中一位员工边聊边随手按了一下电梯按钮。但这位员工随即发现错按了楼层,于是立刻重新按了更低楼层的按钮。当电梯经过一次错停到达员工第二次按下按钮的楼层时,另一位员工探头张望发现似乎生日会又改到了楼下,于是又往下按了一层楼的按钮。这两位员工的一系列行为引起一同乘坐电梯的客人的不快,当电梯到达大堂后,客人直接向大堂副理投诉,认为酒店员工不应该乘坐客用电梯,且员工乱按电梯也完全不考虑客人的感受。

小思考

两位员工的行为有什么不妥之处?如果你也是该酒店的员工,你会如何乘坐电梯?

....
....
....

1. 日常搭乘电梯的礼仪

如有很多人在电梯门前等候,此时请勿挤在一起或挡住电梯门,以免妨碍电梯内的人出来,且应先让电梯内的人出来之后方可进入,不可争先恐后抢坐电梯。

靠电梯门最近的人先上电梯,然后为后面进来的人按住开门按钮,当出去的时候,靠电梯门最近的人先走。男士、晚辈应尽可能站在电梯按钮处提供服务,让女士、长辈先行入电梯,自己再随后进入。

在电梯厢中,先进入者尽量贴边站立,挪出中间的空间,以便让后进入者有地方可站。进入电梯厢后,身体尽量以正面朝向电梯口。如果电梯厢中乘坐的人很多,接近满员,而里面的人又要先行下电梯,则靠近门口的人就要先出去,让别人出去之后再重新进入电梯。

2. 商务接待时的电梯礼仪

(1)等候电梯时

提前到达电梯间,主动上前按下按钮,完成动作时五指并拢更得体;引导领导或客人站在电梯门中间等候,自己站在按钮处等候。

拓展学习

电梯礼仪

(2)乘坐电梯时

① 进电梯:如果电梯门打开时厢内无人,则要先于领导或客人进入电梯,同时按住保持电梯门开放的按钮,并用手挡住一侧的电梯门,再请领导或客人进入电梯;如果电梯门打开厢内有人,则直接用手挡住一侧的电梯门,请领导或客人先进入,自己后进入。

② 出电梯:电梯到达所在楼层后,应一只手按住开门按钮,另一只手做出请的动作,让领

导或客人先出电梯；待所有领导或客人全部走出后，自己再走出电梯。

（3）电梯厢站位

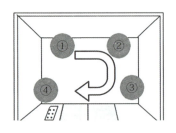

乘坐电梯时，选择电梯按键一侧电梯口的位置，方便引导；有交谈时，面向领导或客人的方向，没有交谈时面向电梯门方向。如果是中途遇到，不是陪同状态，要主动询问领导或客人要到的楼层，帮助按下所在楼层的按钮。

站位原则上以距离按钮及操作板近的为次位，远的为尊位。领导或客户要在①和②的位置，下属一般在③和④的位置。

（4）电梯间送客

引导领导或客人进入电梯，微笑致意，等电梯厢门完全关闭后再离去。

技能训练

领导指派你陪同接待客户一行两人（总经理及市场专员），碰面后大家准备搭乘电梯前往会议室，这时你将如何引领客户及领导乘坐电梯？

五、拜访礼仪

商务拜访对于日常企业的业务往来是很平常的事，拜访时的礼仪常常是拜访成功与否的关键。

1. 拜访中要注意的六大礼仪

（1）有约在先

拜访他人时，切勿未经约定便不邀而至。尽量避免前往其私人居所进行拜访。约定的具体时间通常应当避开节日、假日、用餐时间、过早或过晚的时间，及其他一切对对方来说不方便的时间。

（2）守时践约

这不只是为了讲究个人信用，提高办事效率，而且也是对交往对象尊重友好的表现。万一因故不能准时抵达，务必要及时通知对方，必要的话，还可将拜访另行改期。在这种情况下，一定要记住向对方郑重其事地道歉。

（3）进行通报

进行拜访时，倘若抵达约定的地点后，未与拜访对象直接见面，或是对方没有派人员迎候，则在进入对方的办公室或私人居所的正门之前，有必要先向对方进行一下通报。

（4）登门有礼

切忌不拘小节，失礼失仪。当主人开门迎客时，务必主动向对方问好，互行见面礼。倘若主人一方不止一人在场,则对对方的问候与行礼,必须在先后顺序上合乎礼仪惯例。标准的做法是先领导后下属、由近而远。在此之后,在主人的引导下,进入指定的房间,切勿擅自闯入。在就座之时,要与主人同时入座。倘若自己到达后,主人处尚有其他客人在,应当先问一下主人,自己的到来会不会影响对方。入室后的"四除去"是指要主动摘帽子、墨镜、手套、脱下外套。

（5）举止有方

在拜访时要注意自尊自爱,并且时刻以礼待人。与主人或其家人进行交谈时,要慎择话题,切勿信口开河,出言无忌。与异性交谈时,要讲究分寸。对于主人家里遇到的其他客人要表示尊重,友好相待。不要在有意无意间冷落对方,置之不理。若遇到其他客人较多,应以礼相待,一视同仁。切勿明显地表现出厚此薄彼,而本末倒置地将主人晾在一旁。在主人家里,不要随意脱衣、脱鞋、脱袜,也不要粗枝大叶,动作嚣张而放肆。未经主人允许,不要在主人家中四处乱闯,随意乱翻、乱动、乱拿主人家中的物品。

（6）适可而止

在拜访他人时,一定要注意在对方的办公室或私人居所里停留的时间长度。从总体上讲,应当具有良好的时间观念。不要因为自己停留的时间过长,而打乱对方既定的其他日程。在一般情况下,礼节性的拜访,尤其是初次登门拜访,应控制在一刻钟至半小时之内。最长的拜访,通常也不宜超过两个小时。有些重要的拜访,往往需由宾主双方提前议定拜访的时间和长度。在这种情况下,务必要严守约定,绝不单方面延长拜访时间。自己提出告辞时,即使主人表示挽留,也应执意离开,但要向对方道谢,并请主人留步,谢绝远送。在拜访期间,若遇到其他重要的客人来访,或主人一方表现出辞客之意,应当机立断,知趣地请辞。

> **读一读**
>
> A先生和B先生是客户关系。因为工作需要,B先生今天特意来拜访A先生,讨论一下他们产品的问题。在交谈中A先生的太太打了好几个电话来,B先生这才知道今天是A先生女儿十周岁的生日。看见时间不早了,虽然还有很多重要问题没有协商,但B先生还是起身告辞了,并马上嘱咐他的司机为A先生的女儿准备一份生日礼物送过去。
>
> **小思考**
>
> 为什么B先生业务还没有谈完就要走了?
>
> ....
> ....
> ....

假如你是 A 先生，你认为 B 先生这样的客户怎么样？

....
....
....

2. 握手的礼仪

在拜访中，握手是常规的礼仪。

读一读

明明和朋友在餐厅吃饭的时候，碰到了熟人，于是大家相互介绍了一下。对方正在啃鸡腿，听到介绍不好意思了，马上站起来，伸出那只油手来和明明握手，这时的明明却不知怎么是好了。

小思考

为什么明明不知道该怎么做了？如果你是明明，你会和他握手吗？

....
....
....

（1）握手注意点

第一，要专心致志。和别人握手的时候，不要三心二意。一定要认真地看着对方，面带笑意。另外要注意，和别人握手时，把握好停留时间和用力的分寸。一般来讲，两个人握手应停留三到五秒，稍微握一握，再晃一晃，稍许用力。

第二，握手要讲伸手的前后顺序。如果说介绍双方时，先介绍地位低的，后介绍地位高的，这叫"尊者居后"；握手时则要倒过来，握手时讲究"尊者居前"，地位高的人先伸手。男士和女士握手，女士先伸手；长辈和晚辈握手，长辈先伸手；上级和下级握手，上级先伸手。

拓展学习

握手礼仪

（2）握手的禁忌

不用左手握手，握手只用右手。

和异性握手一般不用双手，除非是故友重逢、慰问对方。

握手时，不能戴帽子、墨镜或手套。

在国际交往中，碰到很多人在一起的时候，要避免交叉握手。

技能训练

大家一起来握手。同桌一起来感受一下握手的礼仪。

小思考

他们错在哪里了呢?

....
....
....

我思我悟

从本节学习中,你重新认识了礼仪的重要性,对此你有何感悟?

....
....

了解了平时的电话礼仪,你认为对你来说平时电话礼仪中最重要的是什么?

....
....

你对中餐和西餐的就餐礼仪有什么不同的看法?

....
....
....

第六节
畅游网络世界——网络沟通礼仪

> **读一读**

当前,新一轮科技革命方兴未艾,数字化变革发生于社会生活各个角落。一场教育领域的数字化转型正在发生。广阔疆域上,西部的孩子可以和北京的学生同上一堂课;乡村的学生打开智慧大屏也能享受丰富精彩的课后服务;职业教育示范性虚拟仿真实训基地,正开启虚拟协同教研新形态。

党的二十大报告首次将"推进教育数字化"写入"办好人民满意的教育"部分,提出"推进教育数字化,建设全民终身学习的学习型社会、学习型大国"。近十年来,我国教育信息化实现了跨越式发展,体制机制日趋完善,"三通两平台"目标任务基本完成,教师信息技术应用能力明显提升,教育信息化应用模式不断创新。从教育信息化到教育数字化,数字化基础设施日趋完备、优质数字教育资源不断丰富、数字化教学应用逐步扩大、师生数字素养不断提高,为深入实施国家教育数字化战略行动创造了有利条件。

2022年3月28日,作为国家教育数字化战略行动的重要抓手,国家智慧教育公共服务平台正式上线。坚持"应用为王、服务至上、简洁高效、安全运行"总要求,经过7次迭代升级,最终整合集成中小学、职业教育、高等教育三大资源平台,建成服务大厅,开设专题板块,上线试点专区,形成了"三平台、一大厅、一专栏、一专区"的平台架构。

> **小思考**
>
> 你有过网课经历吗?请跟大家谈谈上网课的时候要注意些什么呢?
> ....
> ....
> ....

随着互联网的不断发展和移动通信技术的普及,网络在人类的生产、生活中扮演着越来越重要的角色。在我国,网络已逐渐成为人们在人际交往中所使用的一种高效便捷的基本工具。而在公司、企业、政府部门里,办公现代化和网络化已是大势所趋、势在必行。

网络交往作为一种新型的人际关系,也需要一种特殊的礼仪来规范,以便体现交往者对网络行为的态度和行为准则的认同度,这就是网络礼仪。而网络礼仪是指人们在计算机网络中通过电子媒介而体现的、规定的社会行为和方式。它是在网络世界的交往中,以一定的、约定俗成的程序、方式来表示尊重对方的过程和手段。人们不论是工作还是生活,使用网络时都应该遵守网络礼仪。

因此,在网络社会中,如同现实生活一样,礼仪在某种程度上就是把人们交往中所蕴含的道德关系形式化,成为了一种行为方式和手段。当使用互联网的人们都懂得并能遵守上网规则,并希望塑造自己良好的网络形象时,互联网对于信息传递的效率自然能得到更充分、更有效的发挥,网络环境会更纯净、积极,网络交往也会更加有序、文明。

一、正确认识网络沟通

网络沟通是指通过基于信息技术的计算机网络来实现信息沟通的活动。它与传统沟通方式最大的区别就在于信息传递的媒介不同。随着互联网技术的发展,当前网络沟通主要有电子邮件、即时通信、语音通话、视频会议等形式。

1. 网络沟通的特点

(1)网络化。

网络化是网络沟通的显著特点,网络化使工作更加快捷。局域网的建立更加有助于工作的协调沟通。近年来发展迅速的网络会议就是例子。

(2)智能化。

网络沟通智能化是区别于工作中传统的信息沟通,它要求人们必须熟悉掌握各种办公软件,在处理事务时做到应变自如。工作中比较常用的网络沟通的工具有电子邮件、QQ、微信和钉钉等。

(3)多样化。

网络沟通多样化是指工作中运用网络沟通的媒体形式多样,包括视频、音频、动画、幻灯片、图片和文本等。网络沟通多样化是所有人员的共同感受,网络时代让沟通更加快捷,只要能联网,每个人随时随地都可以获取信息。

拓展学习

网络交往
需谨慎

2. 网络沟通的优势与劣势

网络沟通相较面对面沟通具有以下优势:

① 在沟通方向上打破了传统沟通界限,受时间和空间的限制较少;

② 网络沟通媒介的多样化,使沟通方式选择和组合更为自由灵活,还能与多方同时进行沟通;

③ 沟通成本相对较低。

与此同时,网络沟通相较面对面沟通也具有一定的劣势:

① 由于信息传输隔着网络,即使可以通过视频进行"面对面"通话,但是沟通双方建立信

任较难,除非是彼此已经熟知的人;

② 由于信息传达受限于媒介,一旦出现断网或是信号不良,沟通的效果易受影响;

③ 沟通媒介的多样化使信息的传递更为便利,但也容易因此造成信息泛滥,从而影响工作效率。

二、常见类型的网络沟通技巧

1. 电子邮件

电子邮件是一种用电子手段提供信息交换的通信方式。它是互联网应用最广的服务之一,通过网络的电子邮件系统,用户可以用非常低廉的价格(不管发送到哪里,都只需负担上网费即可),以非常快速的方式(几秒钟之内可以发送到任何指定的电子邮箱地址)与世界上任何一个角落的网络用户联系,这些电子邮件可以以文字、图像、声音等各种方式。

同时,用户可以得到大量免费的新闻、专题邮件,并实现轻松的信息搜索。这是传统邮政信件方式无法比拟的。正是由于电子邮件的使用简易、投递迅速、收费低廉、易于保存、全球畅通无阻,使得电子邮件被广泛地应用,它使人们的交流方式得到了极大的改变。另外,电子邮件还可以进行一对多的邮件传递,同一邮件可以一次发送给许多人。通过电子邮件进行沟通时需要注意以下几点:

(1) 主题明确,突出重点

一般来说,公务交往的电子邮件都要有明确的主题,设置的主题既要能引起收件人的注意,也要提纲挈领,这样可以让收件人迅速了解邮件内容并判断其重要性。

(2) 每封邮件只包含一条信息

撰写电子邮件时,要将每封邮件都看作是一个内容一致的信息包,用以提出问题、表达观点、报告情况等。如果有好几件事情要告诉收件人,可以每条信息都单独撰写并发送,各自使用独立的主题。

(3) 篇幅适中,合理使用附件。

电子邮件的正文要简洁,正文篇幅以不移动滚动条就可以阅读为宜。商务邮件不需要过多的寒暄,恰当的称呼和简洁的招呼之后就可直接进入主题。如果信息本身包含的内容无法做到很简短,可以使用附件功能。

(4) 认真检查,避免出现错误。

电子邮件发送之前要做好检查,不能出现错别字和病句,以免收件人阅读中产生歧义。

(5) 定期查看,及时关注。

电子邮件发送之后也要时刻关注,定期查看,收到回复的邮件应及时阅读、给予回应。

(6) 初次去函,需表明身份。

在给不认识的人发送邮件时,需要附上自己的详细信息,要么在签名中注明自己的身份。

技能训练

假设你即将从学校毕业，面临就业，请尝试给自己心仪的一家公司拟写一封求职函并以电子邮件的方式发送出去。

2. 视频会议

当位于两个或多个地点的人们，通过通信设备和网络，进行面对面交谈的会议，即也被称为视频会议，又叫电视会议、视讯会议。使用视频会议系统，参会者可以听到主会场的声音，看到现场参会人的形象、动作和表情，主持人还可以发送电子演示内容，使与会者有身临其境的感觉。

通过视频会议开展网络沟通具有以下注意事项：
（1）要明确会议目的、与会人员和会议时间；
（2）会议前要提前检查网络联机质量；
（3）提前调试系统，检测视频会议设备运作状况；
（4）会议环境检视；
（5）准时加入视频会议；
（6）注意衣着；
（7）行为举止得体；
（8）发言时语气轻松、自然。

3. 即时通信工具（以微信为例）

即时通信工具是指能够提供即时发送和接收互联网消息等业务的软件。自1999年国内第一款即时通信软件正式上线以来，功能日益丰富，逐渐集成了电子邮件、博客、音乐、电视、游戏和搜索等多种功能。即时通信不再是一个单纯的聊天工具，它已经发展成集交流、资讯、娱乐、搜索、电子商务、办公协作和企业客户服务等为一体的综合化信息平台。常见的即时通信软件有QQ、微信、MSN等。在许多人眼里，微信可能只是一个聊天工具，然而随着近些年微信在通信功能上的不断拓宽，它的意义已经不限于此，而是逐渐被运用到更为广阔的领域中。

首先，微信在商务沟通中能体现较高的新鲜度。其次，微信能提高沟通的互动性。故而在使用微信与他人进行商务沟通时也应遵守一定的礼仪，具体有：

（1）语气助词要慎用。

和客户沟通时不使用"哈哈、嘿嘿、呵呵、HOHO、晕、倒、啊"等语气助词。熟悉的朋友之间可以适当使用语气助词，但不宜过多，过频繁。

（2）图片表情要慎发。

商务微信沟通中，可以适当使用图片表情，让双方感到轻松。在用表情时尽量不要用那些可能会引起别人抵触情绪、令人反感或是带有低俗、恶搞性质的图片。另外需要注意的是

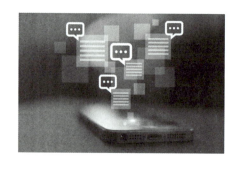

头像图片的选用,也应注意身份与场合。

(3) 聊天速度要适当。

在微信上沟通交流时,主要通过打字进行,聊天速度应根据对方的节奏而定,回复对方的速度要适中,不能过快,也不能过慢。

(4) 称呼称谓莫乱用。

使用称谓要谨慎,不能乱称呼别人,或是称呼中带有贬低的意思。

(5) 回复要及时。

及时回复,这是对对方最大的尊重。不方便时也要告知对方,晚点或找时间再进行回复。

(6) 注意礼貌要客气。

微信聊天时要注意语言规范,不能说一些不友好的话或是让别人误会我们在轻视、侮辱对方,这样才能保持沟通的顺畅。微信沟通时多用"你好""谢谢""请"等词汇。

读一读

小李是一名刚进入职场的大学生,在一次向领导汇报工作时,他通过微信给领导发送了以下一段文字:老大,今年我们小组的销售任务已经超额完成啦!!! HOHO～～(#^.^#)

小思考

上述内容有什么不妥之处吗?如果你是小李,你会怎么做?

_____
_____
_____

4. 网络直播带货

近些年,网络直播成为一种新兴的娱乐方式和社交方式,被广泛认为是未来数字娱乐产业的重要发展方向。在 2016 年,许多直播平台开始出现,大量主播开始在平台上进行直播,吸引了大批观众的关注和互动。直播带货这个庞大的行业,全面崛起,进入千家万户。但网络主播面对镜头"一对多"的沟通方式成为了很多人想要进入这个行业"跨不过"的门槛。

在直播过程中主播的说话技巧很重要,是与观众互动和沟通的关键,只有擅长聊天才能留住观众并引导下单。那么直播带货需要掌握哪些聊天技巧呢?

(1) 倾听和回应。

在与观众交流时,重要的是要倾听他们的观点、问题和建议。给予他们足够的时间表达自己,并关注他们的留言和情感。在回应观众时,尽量积极、友好,用肯定的语言回应他们的观点和问题。例如,使用"谢谢你的建议""我会考虑一下"等话语给予回应。

(2) **互动和提问**。

鼓励观众参与讨论,提出开放性问题,例如:"你们对这个话题有什么看法?"这样可以激发观众的兴趣和参与度。而当观众提出问题时,尽量及时回答。如果不确定答案,可以诚实地告诉观众,并承诺后续会给出准确的回答。

(3) **使用幽默和轻松的语言**。

使用适度的幽默感,可以让观众更加轻松愉快地参与互动。但要注意不要过分依赖幽默,以免冒犯观众或让他们感到尴尬。保持轻松、友好的语气,让观众感到舒适和放松。避免使用过于严肃或压抑的语言。

(4) **人文关怀**。

尽量记住观众的名字,并在直播中提及,以展示对他们的关心和重视。这可以增加观众的参与度和忠诚度。及时回顾观众之前的留言和互动内容,可以表达对他们的关注和记忆,增强观众的归属感。

(5) **多样化的互动方式**。

鼓励观众使用礼物和道具进行互动,例如发送礼物、点赞或使用特殊表情等。这可以增加互动的乐趣和吸引力。设计一些简单有趣的抽奖或游戏环节,鼓励观众参与并给予奖励或赞扬。

(6) **提供有价值的内容**。

如果主播是在分享专业领域的知识或技巧,确保提供有价值的内容和见解。这可以吸引对该领域感兴趣的观众,并树立主播的专业形象。如果是在提供娱乐性的直播内容,确保内容有趣、富有创意,并能够引起观众的共鸣和笑声。

通过以上这些技巧,可以更好地与观众互动和沟通,提升直播的质量和吸引力,帮助建立良好的观众关系,增加观众的参与度和忠诚度。

三、网络沟通礼仪注意事项

因为我们是在和人交流,即使是陌生人,所以现实生活中如何沟通,网络上也该如何。

1. 尊重别人

尊重他人的隐私,不要随意公开私人邮件、聊天记录和视频等内容;尊重他人的观点,不能好为人师,盲目自大;尊重他人的劳动,不可剽窃、修改、搬运他人的劳动成果,除非得到本人的许可;尊重他人的时间,在沟通提问前先确定自己能否解决问题。

2. 营造良好网络氛围,杜绝网络暴力

在与他人聊天中要保证内容文明健康,特别要抵制各种不良信息,营造健康友好的氛围;在他人有意指引时,要能及时发觉,并给予批评指正或切断联系,坚决杜绝网络不文明

现象。

3. 保护好自己的个人信息

在社交网络上,我们会习惯性地发布有关自己的状态、个人照片、点评等信息,这些信息都有可能会被他人盗用、滥用。因此,我们需要谨慎使用社交网络,保护好自己的个人信息。一定不要随意透露自己的家庭住址、财产状况、手机号码等敏感信息,更不能将其使用在不健康的社交网络上。妥善地使用社交网络可以更好地保护自己的人格尊严和隐私权。

总之,在社交网络上,礼仪至关重要。我们需要注意自己的言行举止,在交流时尊重他人、用文明的言辞,保护好自己和他人的人格尊严,以及保护好个人的信息和隐私。只有这样,我们才能在社交网络中建立良好的人际关系,享受到交流、沟通、分享的乐趣。

小思考

当一位素未谋面的网友邀请你到某地见面,你将怎么办?

我思我悟

学习了本节内容,说说在网络沟通中应当注意哪些礼仪规范?

本章回顾

本章中我们从礼仪的基础出发,了解了什么是礼仪,礼仪特征的各个层面,又分别从仪容、体姿规范等礼仪细节方面详细介绍了礼仪的知识。通过本章内容的学习,不但能引导同学们从点滴做起,把站、坐、行的规范运用到平时的生活工作中,也教给同学们如何分场合穿衣、化妆等生活礼仪及网络沟通礼仪方面的知识,为装点自己美丽的人生打下基础。

本章练习

一、单选题

(1) 作为学生,在校园里的着装应该是( )。
　　A．校服　　　　　B．晚礼服　　　　　C．职业装　　　　　D．西装

(2) 如果主人充当司机的话,( )是首座。
　　A．后排左座　　　　　　　　　　　　B．后排右座
　　C．司机旁的位置　　　　　　　　　　D．后排中间座位

(3) 正确的走姿是( )。
　　A．弯腰驼背,或者前俯后仰,或者左右摇晃
　　B．走路内八字或外八字
　　C．行如风,即要身体直立,两眼平视前方,两臂在身体两侧自然摆动,两腿有节奏地交替向前迈步,尽量走在一条直线上
　　D．抬头、挺胸、收腹、肩膀往后收,快速地行走

(4) 在职场中女性应化妆,以示对他人的尊重,下面正确的选项是( )。
　　A．在公共场所当众化妆或补妆
　　B．职业女士的工作妆以淡雅、清新、自然为宜
　　C．妆化得越浓越好
　　D．不合场合的化妆,以求达到夺人眼球的效果

(5) 手机的使用应该遵循( )。
　　A．在飞机上和其他的公众场合都可以使用
　　B．在公众场合大声地接听电话
　　C．把手机作为是显示自己身价的"象征物"
　　D．在要求保持安静的公共场所中绝对不能让手机发出声响

(6) 正确的餐桌礼仪是( )。
　　A．把盘里的菜拨到桌上,把汤泼翻
　　B．在吃菜时嘴巴发出咀嚼的声音
　　C．在主人还没有示意结束时,客人先离席
　　D．当主人示意开始时,客人才能开始,不能抢在主人面前

(7) 你觉得吃西餐时,刀叉应如何使用才是最准确的?( )
　　A．左刀右叉　　　　　　　　　　　　B．左叉右刀
　　C．两手抓刀　　　　　　　　　　　　D．两手抓叉

(8) 就餐时,餐巾的使用礼仪应该是( )。
　　A．餐巾应始终放在腿上

B．用其擦脸或鼻子

C．将餐巾放到盘子的右手边

D．把它系在脖子上,以免菜、汤弄到衣服上

(9) 网络沟通的特点不包括(　　)。

A．网络化　　　　B．智能化　　　　C．多样化　　　　D．虚拟化

二、多选题

(1) 拜访中,应注意的事项有(　　)。

A．拜访应选择适当的时间,如果双方有约,应准时赴约

B．与接待者的意见相左,不要争论不休

C．要注意观察接待者的举止表情,适可而止

D．第一次见面,要主动问候致意,进行自我介绍

(2) 男性妆容平时应该做到(　　)。

A．整发　　　　　　　　　　　　B．刮除胡子

C．个人清洁　　　　　　　　　　D．不吸烟

(3) 握手的禁忌有(　　)。

A．和异性握手用双手,故友重逢、慰问对方只用右手

B．不用左手握手,握手只用右手

C．握手时,不佩戴帽子、墨镜或手套

D．交叉握手

第四章
成就沟通的素养

本章引言

　　一个人的素养是智慧的心曲,是思想的灯盏,是灵魂的美韵。与有修养的人沟通,如品香茗,如沐暖阳,如坐春风。素养是一杯温馨的茶。因为素养是隐藏的美,它高贵典雅又清新透明。它像笼罩朦胧薄雾的清晨那样令人遐思,又像静谧安逸的黄昏那样让人憧憬。

知识目标

　　明确成功的沟通所需要的四项基本素养。

能力目标

　　1. 能初步运用沟通必备素养的知识来确定自己的素养标准;
　　2. 能分辨人际沟通中的美与丑。

情感目标

　　1. 自觉规范日常的行为和情感导向;
　　2. 在日常的生活、学习中注重培养良好的心理素质、高尚的人格魅力。

思维导图

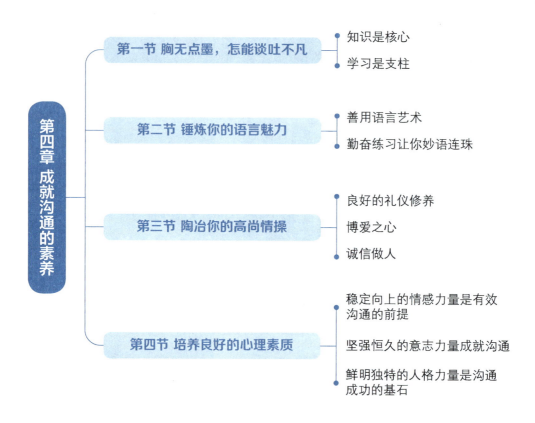

第一节
胸无点墨,怎能谈吐不凡

常言道:"工欲善其事,必先利其器。"沟通也有一定的素质要求,归纳起来,主要反映在知识能力、思想道德及心理品质等方面。

学问是一件利器,有了这个宝贝,一切皆可迎刃而解。

读一读

一个师爷胸无点墨,一心只想升官发财,为了巴结上司,特地设了丰盛的酒席,宴请县官。

喝酒时,师爷讨好地问:"太爷有几位公子?"县官不假思索地说:"有犬子二人,你呢?"这可把师爷难住了。他暗暗想:"县太爷谦称自己的儿子为'犬子',我该怎么称呼自己的孩子呢?"寻思了一会儿,只好答道:"我只有一个五岁的小王八。"

小思考

笑过之后,你认为这位师爷的问题出在哪里?对照思考自己平时在与人沟通过程中是否有过类似的经历,也闹过笑话。

....
....
....

从这个小故事中我们可以看到:一个胸无点墨的人当然不能应对如流。在与别人沟通时,只有具备广博的知识,才不至于闹出这样的笑话,才能让沟通得到有效的延续。

一、知识是核心

知识是沟通的基础,在生活中我们常常会遇到由于一方知识的贫乏而产生类似以下"鸡同鸭讲"的情况。

儿子:"爸爸,《史记》这本书讲的是什么?"

爸爸:"笨蛋,死记就是死记硬背,不会灵活掌握,懂吗!"

由此，我们看出，知识是彼此交流的基础。文化水平不高，知识储备贫乏，往往限制了人们的交流与沟通。

一个人只有具备了广博的知识，他的思想才会深邃，沟通才会有力度，真正达到心与心的交流。在一节课上，老师问："雪化了是什么？"班里大多数同学都回答是"水"，只有一个小女孩回答是"春天"。这个"雪化了是春天"的答案的确深深打动了在座的同学和老师。试想一下，在一片积雪之下，春天正在悄悄地孕育萌发，这是多么美妙啊！

一个人只有具备了广博的知识，他的语言才会形象生动，才会达到有效沟通的目的。

人们往往喜欢跟那些知识渊博的人交往，因为与他们交流，不但思想上受益匪浅，而且会感到如沐春风、身心愉悦。

读一读

在巴黎繁华的大街上，一个盲人老头正在路旁乞讨。他的身边立着一块牌子，上面写着："我什么也看不见！"但是没人帮助他。法国著名诗人让·彼浩勒路过看到，于是他在牌上添上了几个字。这时，牌子上的文字连在一起就变成了"春天到了，可是我什么都看不见！"后来人们路过时却没有像之前那样扬长而去，而是纷纷开始解囊帮助老人。

小思考

大家说说路人们后来为什么帮助这位盲人？你认为我们的沟通语言怎样才能达到预想的效果？

....
....
....

"春天到了，可是我什么都看不见！"平实的语言一旦富有了诗意，就会产生巨大的作用，关键就在于它有非常浓厚的感情色彩。大家感受到语言的魅力了吗？这是否来自知识的沉淀呢？

语言的魅力就像风度一样，是一个人内在素质的外在体现，要提升自己的语言能力，关键还在于平时主动积累、丰富自己的内在学识与修养。

技能训练

(1) 选择一张你喜欢的图片给大家作介绍,充分发挥自己的想象力。尽己所能地把图片的内容和寓意介绍给大家,然后由大家作出评价。

(2) 文文以口齿伶俐而见长,有人向他求教有什么诀窍,他回答道:"很简单,看他是什么人,就跟他说什么话。例如同屠夫就谈猪肉,对厨师就谈菜肴。"别人又反问他:"如果屠夫和厨师都在场,你会谈些什么呢?"

请大家试试回答这个人的问题。

二、学习是支柱

知识是沟通的核心,获取知识全靠平时的学习积累。建立起知识宝库,便可达到"胸藏丘壑""口吐莲花"的境界。

语言是沟通的基础,丰富的语言是平时学习积累而成的。现在,我们许多同学很重视英语学习,而忽略了汉语学习,使得有些人不能把自己的思想和观点非常有条理地表达出来,当然也就不能有效沟通了。语言是有技法的,生动形象的语言能使人产生身临其境的效果。我们经常会听到有人说:"他是茶壶煮饺子,有口倒不出。"一个人光有专业知识,但是不能用语言准确、完整地表达,那将会大大破坏沟通的效果。我们要学习语言的修辞方法,学习运用妙趣横生的俗谚俚语,学习运用富有时代特征的术语和绝妙类比,从而提高沟通的效果。

沟通是一门博大精深的学问,仅有语言表达能力还远远不够,我们还需要学习沟通的技巧。

沟通是信息的传递,我们要及时更新并丰富自己的知识宝库。随着社会信息化速度日益加快,知识更新的速度也越来越快,如果我们不能随时汲取新的知识,很可能会导致沟通受阻。我们要努力学习古今中外的各类知识。

读一读

有一个记者在家写稿时,他年幼的儿子吵着要他陪。这位记者爸爸正愁赶不上截稿,就将一本杂志的封底撕碎,对儿子说:"你先将这上面的世界地图拼完整,爸爸就陪你玩。"可过了不到五分钟,儿子又来拖他的手说:"爸爸我拼好了,陪我玩!"

记者很生气:"小孩子要玩是可以理解的,但如果说谎话就不好了。你怎么可能这么

> 快就拼好世界地图!"
>
> 儿子非常委屈:"可是我真的拼好了呀!"
>
> 记者一看,果然如此:不会吧?家里出了个神童?他非常好奇地问:"你是怎么做到的?"
>
> 儿子说:"世界地图的背面是一个人的头像。我反过来拼,只要把这个人的头像拼好了,世界就完整啦。"

如果你是这位记者,你会答应儿子的要求吗?由此可见,投机取巧并不代表知识丰富,只有踏踏实实充实自己,才能招人待见。

我们怎样才能使自己具有渊博的知识呢?只有通过平时不断的学习和积累,而学习有两种途径:一是书本;二是实践。

"书本就是成功的秘诀。"卡耐基这样教导我们。对于我们来说,知识主要来自书本,当然不仅仅是教科书,更要博览群书,把别人的知识变成自己的知识,提升自己的创造力。

实践是掌握技能之道。我们经常会遇到这样的情况,当我们因为某一问题准备和父母沟通之前,会先告诫自己:一定要耐心说服父母,无论如何不能和父母吵,争吵只能使事情走向反面。但是,谈着谈着,"战争"就爆发了,事后自己还莫名其妙:"我怎么说着说着就吵起来了呢?"这说明,仅仅掌握沟通的知识还不行,知识转化为技能还需要在实践中锻炼,通过实践,总结经验,掌握沟通之道。

通过学习,可以促进思维提升、发展,开阔眼界、拓展心胸,可使我们思考过去、立足现在、展望未来。只有全面学习、解除疑惑,才能保持清醒的头脑,才能更勇敢地面对人际交往中的种种局面;只有在实践中不断应用所学的沟通知识,不断总结经验,最后才能赢得成功的沟通。

我们应利用各种方法和机会发奋学习,相信今后在与人沟通时就会胸有成竹了。

技能训练

(1) 选择题

① 下列句子中的成语使用不恰当的是(　　)。

A. 我有十多年没见到叔叔了。今年,叔叔回家探亲。恰巧我出差,未能谋面,一直心有余悸。

B. 常香玉、小香玉祖孙俩同演一台戏,珠联璧合,配合得天衣无缝。

C. 年纪轻轻的王刚在学术讨论会上侃侃而谈,与会人员无不折服。

D. 他后期的散文生动活泼,含蓄隽永,达到了炉火纯青的地步。

② 下列句中的习惯用语使用正确的一项是（　　）。
　　A．感谢贵方邀请，届时敝人一定光临。
　　B．我们一定提供一流的服务，欢迎各位光顾。
　　C．你们的服务态度很好，下一次我们一定惠顾。
　　D．明天我到贵府拜访，你可要在家恭候哟。

③ 下列句中的礼貌用语使用正确的一项是（　　）。
　　A．你和我初中毕业时的合影，我一直惠存着。
　　B．您寄来的产品使用说明书，有几处我看不明白，特去信垂询。
　　C．承蒙赐教，不胜感谢，谨颂教祺。
　　D．王老师，今将我发表的一首拙诗抄送给您，请雅正。

(2) 用一两句话说一条新闻。并告诉大家你是从哪里知道的。
……………………………………………………………………………………
……………………………………………………………………………………
……………………………………………………………………………………

(3) 向同学介绍一样你十分心爱的物品。课后查查有关资料，并阅读一些类似的文章，试试用华丽的辞藻、优美的语言表达出来。看能否引起同学的共鸣。
……………………………………………………………………………………
……………………………………………………………………………………
……………………………………………………………………………………

(4) 背诵李白的《赠汪伦》，体会一下诗中的意境。

我思我悟

我的收获与感悟：
……………………………………………………………………………………
……………………………………………………………………………………
……………………………………………………………………………………

画龙点睛

知识是沟通的基础，学习是沟通的支柱。

第二节
锤炼你的语言魅力

语言魅力体现了一个人的人格魅力,是一个人性格、气质、能力等方面个性化的表现。其表现形式是多种多样的:或乐观开朗、宽容忍让、微言大义;或义正词严、一言九鼎、仪态万方,使听者于捧腹间顿觉心胸敞亮;或于咀嚼时方知春秋伯仲,从而赢得听者的信赖与折服。如何在谈话中展现你的语言魅力将是本节介绍的重点。

读一读

有一个理发师傅带了个徒弟,徒弟今天正式出师上岗。

第一位顾客风尘仆仆而来,师傅让徒弟给他理发,徒弟看到师傅充满鼓励的目光,鼓起勇气开始给顾客理发。理完发,客人对着镜子仔细看了看说:"唉,太短了!"徒弟无言以对,师傅忙上前说:"先生,短了,让您显得精神,看上去更亲切。"客人含笑而去。

第二位顾客来到店里,师傅又让徒弟给客人理发,徒弟忙上前。理完发,客人看看表说:"真慢,一个头理了将近半个小时。"徒弟低下头,师傅忙笑道:"为'首脑'服务,本店不惜劳苦,甘愿奉献。俗话说'进门苍头秀士,出门白面书生',您看起来又年轻了几岁。"客人微笑而去。

晚上打烊,徒弟怯怯地走上去问师傅:"师傅,您为什么处处帮我说话,而我却为何没有一次做对呢?"师傅慈爱地抚摸着徒弟的头笑道:"孩子,世上的事,从来就没有一个绝对的答案,有对也必然有错,有好就有坏,每一个人对同一事物的看法不同,答案也不同。至于我替你说话,是希望让你认识到自己不足的同时,也得到鼓励,把技艺练得更好。"

几年以后,徒弟的技艺越发纯熟,每一个顾客都满意而归。

小思考

你对这位师傅的口才怎样评价?他是怎样达到有效沟通的?

一、善用语言艺术

> **读一读**
>
> 有个人请客,约定时间都过了,还有好些客人没来。主人心里很焦急,便说:"怎么搞的,该来的客人还不来?"一些敏感的客人听到了,心想:"该来的没来,那我们是不该来的咯?"于是悄悄地走了。主人一看又走掉好几位客人,越发着急了,便说:"怎么这些不该走的客人,反倒走了呢?"剩下的客人一听,又想:"走了的是不该走的,那我们这些没走的倒是该走的了!"于是也都走了。最后只剩下一个跟主人较亲近的朋友,看到这种尴尬的场面,就劝他说:"你说话前应该先考虑一下,否则说错了,就不容易收回来了。"主人大叫冤枉,急忙解释说:"我并不是叫他们走哇!"朋友听了大为光火,说:"不是叫他们走,那就是叫我走了。"说完,头也不回地离开了。
>
> **小思考**
>
> 请你谈谈为何最后客人都走光了?如果你是这位主人,你会怎么说来招呼一众客人?
>
> ....
> ....
> ....

语言艺术其实也是一种智力活动,它能化解对方心中的怒火,能缓和尴尬的局面,消除矛盾,挽回不利的局面。幽默风趣的语言是一个人到处受欢迎的保证,委婉含蓄是最高境界的语言艺术。

世界上许多东西都是可以买到的,唯独经验只能靠自己去总结、体会。在相互间使用语言的交流之中,在心与心的碰撞之间,都能反映出与人沟通的艺术修养。

此外,我们还要注意语言的发送艺术,也称为口语发送能力,即说话时对语言的速度节奏、声音的高低轻重、语流的顿挫断连的控制和变化能力。如果一个人发音洪亮悦耳、字正腔圆,而且还能随着交际的内容、场景、双方关系的不同,有高低抑扬、快慢急缓、强弱轻重、明暗虚实等多种变化,就能赋予其声音强烈的韵律和迷人的艺术魅力。

1. 掌握发音与吐字技巧

语言能成为人类表达思想感情的交际工具,吐字归音是关键。字音在口腔内发出,口腔是人类语言的制造场。会说话的人都会吐字,但在实际运用中却是大有讲究的。吐字归音实际上讲究的是口腔对于发音的控制。对吐字归音的要求可以概括为以下几点:

(1) **准确**

吐字要准确、规范,即"字正"。口语表达也必须按照标准普通话的语音规范发音。

（2）清晰

字音清楚，让人听得明白。一个人即使天生的嗓音很好听，如果吐字不清晰，难以让人听清其想要表达的意思，那么沟通也是徒劳。

（3）圆润

发出的字音包含比较丰富的泛音共鸣，悦耳动听，这是对吐字的审美要求。口语表达应尽量使字音圆润些、饱满些。

（4）集中

字音集中，会给人以精神关注的感觉，更易于传入人耳，打动人心。

（5）流畅

吐字要轻快、流畅，使语流顺畅无阻。因为在口语表达中，字音的连续形成语流，双方从中获取信息、受到感染。吐字断断续续，别人听起来就会感到吃力而不自然。

2. 掌握声调和语调

声调即单个汉字的调子，语调即贯穿整个句子的调子，两者决定了说话时声音的高低抑扬。常用沟通中的语调技巧有：

① 声调的高低变化：使用不同的高低声调来表达情感或强调重点。

② 音量的变化：通过改变音量的大小来表达情感或加强语气。

③ 对比表达：通过改变音量、速度、语调等，形成对比来强调内容中的某个方面。

④ 重复表达：通过反复使用某个词或短语来加强语气或强调重点。

⑤ 拖长音节：通过持续时间延长某个音节来表达情感或强调重点。

⑥ 跳跃式语调：通过快速变化声调的高低来表达情感或强调重点。

⑦ 断续性语调：通过对语速和停顿的控制来表达情感或强调重点。

⑧ 渐增渐减语调：通过逐渐增加或减少声音的力度或高低来表达情感或强调重点。

⑨ 问话式语调：对话中用来问问题或表示怀疑的语调，一般带有上升趋势的声调变化。

3. 注意说话的速度节奏

速度节奏的控制和变化一般通过音调的轻重强弱、吐字的快慢断连、重音的各种切换，以及长短句式、整散句式、紧松句式的不断配合才能实现。

（1）注意句子的停顿与连接

说话中的停顿与连接是为表达语句的意义和层次、思想和情感服务的，并不像文本一样需要受标点符号的制约。没有标点符号的地方，有时需要停顿；有标点符号的地方，有时则要连接，需要根据具体讲述的内容、信息接收者的情况等来进行判断。

（2）选择合适的语速

说话速度的快慢，与交际目的、表达内容、环境气氛、心境情绪有关。一般说来，说明叙述时，语速稍快；抒情议论时，语速稍慢。紧张热烈时，语速稍快；在幽静庄重或沉闷凄凉的气氛中，语速稍慢。心情激动时，语速较快；心情平静或忧伤时语速较慢。说话速度的快慢还与人物的年龄、身份、性格有关。一般来说，年轻人说话语速较快，老年人则相对慢些；地位较低或身份一般的人说话要快些，职位较高或身份显赫的人则相对慢些；活泼开朗、机智勇敢或鲁莽急躁的人语速偏快，憨厚老成、沉着镇静或愚钝迟缓的人语速稍慢。

语速的变化也是表情达意的一种重要手段。速度快，会使人感到急促、紧张；速度慢，会使人感到安闲、平静。恰当地运用语速的变化并结合其他言语技巧，可以渲染场景，烘托气氛，增强语言的节奏和气势，产生感染力。

掌握了以上这些规律，沟通中就能做到快慢适中，快而不乱，慢而不断，增强语言的美感。

技能训练

（1）请大家将"你干得不错"这句话①用陈述句式，说成降调；②带有肯定、鼓励的语气，说成升调；③用疑问句式，带有不信任、讽刺的意味分别表达出来。结果相同吗？

（2）一位母亲对孩子说："为什么你从来不做完作业再看电视？"

另一位母亲对孩子说："我想你常常在作业没做完时就看电视。"

大家表演看看，你对这两位母亲的话会有何不同的反应？为什么？

....
....
....

自由沟通，精彩无限。只要你善用语言艺术，你的沟通就充满色彩！

二、勤奋练习让你妙语连珠

口才并不是一种天赋的才能，它也是靠刻苦训练得来的。在古今中外，那些口若悬河、能言善辩的演讲家、雄辩家无一不是靠自己刻苦训练才获得成功的。

如果说一个人口才的高低有其不可企及的先天原因，那么更多的还是需要后天的不断努力，在卡耐基看来，实力是可以培养的。

怎样进行口才培养呢？其中一个重要途径就是不断学习、积累。在学习的过程中，采取"拿来主义"的态度，剔除糟粕，吸取精华，不断提升自己。

学习的方式也很多，有书面的、口头的，也有理论学习、实际考察等。

古代希腊演说家德谟斯蒂尼斯从小口吃，讲话讲不清楚，也非常害怕当众讲话，但他立志成为一名演说家。为矫正口吃，使口齿清楚，他将小石头含在嘴里不断地练习说话。他曾经把自己关在一个黑屋子里练习，为了避免别人打搅，竟把头发剃去一半，硬逼着自己专心致志地练习口才。经过12年刻苦磨炼，他终于走上成功之路。

英国戏剧大师萧伯纳的口才是有口皆碑的。但是，他年轻时却胆小木讷，拜访朋友都不敢敲门，常常在门口徘徊多时也怯于开口。后来他为了改变自己，鼓起勇气参加了辩论学会，不放过一切和对手争辩的机会来锻炼自己，从中壮实胆量、精进语言、提高反应能力，最终成为一代演讲大师。他的演说，他的妙对，传诵至今。

我国早期无产阶级革命家、演讲家肖楚女，也是靠平时的艰苦训练，练就了非凡的口才。肖楚女在重庆国立第二女子师范学院教书时，除了认真备课外，他每天天一亮就跑到学校后山上，找一处僻静的地方，把一面镜子挂在树枝上，对着镜子开始练演讲，从镜子中观察自己的表情和动作。经过这样的刻苦训练，他不但掌握了高超的演讲艺术，教学水平也很快得到了提高。1926年，年方三十的肖楚女，就在毛泽东同志主办的广州农民运动讲习所工作，他的演讲至今仍受到世人的推崇。

我国著名的数学家华罗庚，不仅有着超群的数学才华，而且是一位不可多得的"辩才"。他从小就注意培养自己的口才，学习规范的普通话，他还通过背诵唐诗来锻炼自己的"口舌"。

这些名人为我们训练口才树立了榜样，我们要想练就一副好口才，就必须像他们那样，一丝不苟，刻苦训练。正如华罗庚先生在总结自己练口才的体会时说："勤能补拙是良训，一分辛苦一分才。"

练习口才不仅要刻苦，还要掌握一定的方法。科学的方法可以使你事半功倍，有以下方法可供参考。

方法一：在需要自己发言的场合，尽可能多说话、大胆地说。一个口才好的人肯定是一个大胆的人，镇得住"场子"的人。要想口才好，先从练胆开始。不要害怕被人说，脸皮要"厚"。

方法二：多看有关锻炼口才、演讲技巧之类的书籍。每天坚持看，而且要耐心地看。把书中的精华部分好好揣摩、消化。

方法三：在网上找一些演讲比赛来看。想想如果是自己会怎么应对，可以反复回顾其中最精彩的部分。

方法四：自己在家多练习。口才的培养是一个长期的过程，需要长时间的锻炼。自己在家可以对着镜子反复练习，并能持之以恒。

方法五：坚持写作，养成写日记的习惯。"一个口才好的人，肚子里一定要有货。"好的文笔才能为好的口才做支撑。

方法六：多参加社会或者集体性的演讲，比如节目主持人、社团讲演等活动。这样不仅可以锻炼胆量和口才，也能收获知识和人脉的积累。

当然，根据每个人学识、环境、年龄等的不同，练习口才的方法也会有所差异，但只要找到最适合自己的方法，加上持之以恒的刻苦训练，那么你的口才一定会迅速得到提升。

技能训练

(1) 有一位同学这次期末考试考得十分糟糕,他情绪十分低落,请大家引经据典地劝劝这位同学,鼓励他振作起来。
....
....
....

(2) 选择一两首古诗练习朗读,注意音调和表情。
....
....
....

我思我悟

我的收获与感悟:
....
....
....

语言艺术来源于你的经验累积。

第三节
陶冶你的高尚情操

在日常生活中,我们能很容易看出身边谁"有魅力",谁"没有魅力"。因为有魅力的人似乎总有一种特别的力量,会感染你,吸引你,使你羡慕,想要模仿。

人格魅力是指一个人具有的声望和感染力,其来源是一个人高尚的品格和道德。一位德国的哲学家说过:"人格的魅力价值来自他个人所具备的优秀品质。"谦恭的态度、文明礼貌的语言、优雅得体的举止等方面表现出来的,是人的内在文化修养、道德品质、精神气质和思想境界等。没有内在的修养,外在的形式就失去了根基。亚里士多德曾经说过:"美是一种善。"只有具有高尚道德情操的人,才具有真正吸引人的魅力。

> **读一读**
>
> 一天,一对衣着朴素的老夫妇来到哈佛大学校长办公室,在门外他们被秘书拦住了,等了几个小时后,才被允许见校长几分钟。
>
> 老妇人说:"我们的儿子曾经在哈佛上学,但是他在外地死了,我们想在校园里为他留点纪念物……"
>
> "对不起,我无法满足你们的要求,如果每一个在哈佛上过学的人去世之后都要在校园里留下纪念物,那校园不就成了墓园了吗?"校长立即打断他们的话,因为他见到老夫妇一副刚从乡下上来的平民模样,便没了谈话兴致,想尽快打发他们。
>
> 老夫妇忙着解释:"不,我们的意思是捐建一座大楼。"校长不屑地望着夫妇俩,冷笑着说:"你们知道捐一座大楼要多少钱吗?"他俩摇摇头。校长倨傲地说:"至少要750万美元。"老夫妇听完,不言语了。
>
> 过了一会儿,这对老年夫妻说:"这笔耗费不是可以另开一所大学吗?我们何不建造一座自己的学校呢?"校长听了,以为他们在痴人说梦哩。
>
> 老夫妇起身离开了。不久,他们在加利福尼亚州建立了以自己姓氏命名的大学——斯坦福大学。
>
> **小思考**
>
> 你怎样评价这位校长?
> ....
> ....
> ....

俗话说,瞧不起别人就是瞧不起自己。这位校长自恃身份高贵而鄙视平民打扮的斯坦福夫妇,一开始就以一种偏见和轻慢的态度,很不耐烦地与老夫妇谈话,他这一主动切断沟通的举动,也打消了斯坦福夫妇原本想给哈佛大学一笔巨额捐款的念头。

一、良好的礼仪修养

礼仪修养主要是指人们为了达到一定的社交目的,按照一定的礼仪规范要求,并结合自己的实际情况,在礼仪品质、意识等方面所进行的自我锻炼和自我改造。

1. 良好礼仪修养的重要性

良好的礼仪修养，可以使人们的行为逐渐符合礼仪的原则和规范，引导交往活动趋于和谐美好。自私自利、心胸狭窄、谈吐粗俗、举止放荡等，是无交往可言的。相反，宽以待人、严以律己、豁达大度、恭敬谦让等，却可以促使交往的成功。而这种良好的礼仪行为的形成，必须借助于人们的礼仪修养。中华民族素有"礼仪之邦"的美誉。中国礼仪教育的开山鼻祖孔子认为：礼仪是一个人修身养性、持家立业、治国平天下的基础。可见礼仪的重要性。就今天而言，有些人不尊重劳动人民，而只是看重衣冠；不认品质，而只认金钱，这些都是缺乏礼仪修养的表现。

2. 礼仪修养的基本原则

一是敬人的原则，这是最基本的原则，尊敬他人可以体现一个人良好的礼仪修养；二是自律的原则，就是在交往过程中要克己、慎重、积极主动、礼貌待人、表里如一、自我约束，不能妄自尊大、口是心非；三是适度的原则，适度得体、掌握分寸；四是真诚的原则，诚心诚意、以诚待人，不逢场作戏、言行不一。一个有道德的人，往往是一个知礼、守礼、行礼的人，时时会按照一定的礼仪规范行事。

3. 提高礼仪修养的途径

礼仪修养是一个从认识到实践的不断反复的过程，要使自己成为一个知礼、守礼、行礼的人，必须把对礼仪的认识运用到实践中去，化为实际的礼仪行动后才能不断提高。大家在学习的过程中，应把陶冶情操与养成良好行为习惯有机地结合起来，立志成为内在修养良好、外在形象优雅的一代新人。

> **小思考**
>
> 你怎么理解知礼、守礼、行礼？

技能训练

朋友面临困境，你将怎么办？朋友事业受挫，你又将怎么办？

二、博爱之心

用博爱之心去对待这个世界所有的人，这可能就是做人的最高境界了，这也是人格魅力的一大源泉。"爱人者，人恒爱之。"这种魅力与天赋的能力无关，是人人都能够获得的。

读一读

某日，三位童颜鹤发的老人来到一家农院歇脚，三人中，一个是"财富"，一个是"成功"，一个是"爱"。主妇邀他们进屋，三位老者笑呵呵地感谢她，身子却没动，女人不解，三个老人说："我们不能同时进屋呀，不过，你可以去跟你的家人商量，看你们最需要我们中的哪一个。"妇人进屋把老人的话说了，丈夫惊喜道："既然如此，先进财富老人吧，让我们的屋里装满财富！"妇人说："我们请成功老人吧，做一切事情都成功，那多好！"这时儿媳插嘴说："我们还是邀请爱吧，让我们的家时时处处充满爱。"大家听了儿媳的话，邀请那位叫"爱"的老人进屋，谁知"爱"老人一起身，"成功"和"财富"老人也都跟进来，妇人感到惊讶，三个老人乐了："哪里有爱，哪里就有财富和成功！"

小思考

你怎么理解最后一句话的含义？你在生活中有过类似体会吗？

_____
_____
_____

俗话说"商场如战场"，甚至还有人感叹"生意场上无父子"。展现在世人面前的商海，似乎只有冷酷无情的尔虞我诈、你死我活、虚伪狡猾。然而，事实并不尽然。

读一读

有个业务员的工作是为JS公司拉主顾，主顾中有一家是药品杂货店。每次他到这家店里去的时候，总要先跟柜台的营业员寒暄几句，然后才去见店主。有一天，他到这家商店去，店主突然告诉他今后不用再来了，他不想再在JS公司进货，因为JS公司的许多活动都是针对食品市场和廉价商店设计的，对他们这一类店没有太多实惠。这个业务员只好离开了商店。他开着车子在镇上转了很久，最后决定再回到店里，把情况问清楚。

走进店里的时候，他照常和柜台上的营业员打过招呼，然后到里面去见店主。店主见到他很高兴,笑着欢迎他回来,并且比平常多订了一倍的货。这个业务员对此十分惊讶,不明白自己先前离开后发生了什么事。店主指着柜台上一个卖饮料的男孩说:"在你离开店铺以后,我们的柜员过来告诉我,你是到店里来的做推销的人中唯一会同他打招呼的。他告诉我,如果有什么人值得同其做长久生意的话,就应该是你。"从此店主成了这个业务员最忠实的主顾之一。这个业务员说:"我永远不会忘记,关心、尊重每一个人是我们必须具备的特质。"

关心别人、尊重别人必须具备高尚的情操和磊落的胸怀。只有懂得以诚待人,使对方在情感上感到温暖和愉悦,在精神上得到充实和满足,人与人之间才能形成美好、和谐的关系,同时才会拥有许多的朋友,并在职场中获得成功。

三、诚信做人

除了博爱之心外,在今天的社会中,人格魅力的另一个主要来源是诚信。诚信可谓是一个人的立身基础。信赖是人际交往最基本的前提。没有诚信,一切交往就如空中楼阁,无法支撑维系。中国有关诚信的古训很多:"人无信不立","言必信,行必果"等。诚信,首先必须"以诚待人"、"将心比心"。只有真情才具有感人的力量。弄虚作假只会让一个人的信誉彻底丧失。因此,讲诚信就必须摒弃虚假。不论是做学问还是做生意,都不能弄虚作假,不能为了一时的利益而丢掉了人际关系及长久的利益。

中国科技大学校长朱清时院士在给大学生做演讲时特别强调了这点。他说:"人要创造机遇,要得到原本不属于自己的机遇,重要一点就是做人要诚实守信。现在有好多年轻人,为了短期利益和短期行为就做假,考试作弊、说假话,就是不诚信,最终结果还是害了自己。中国社会正在走向现代化,特别是市场经济,中间的最重要素质就是诚信。一个不诚信的人或一个诚信记录不好的人,社会是不接受的。"

读一读

一个顾客走进一家汽车维修店,自称是某运输公司的货车司机。"在我的账单上多写点零件,我回公司报销后,有你一份好处。"他对店主说。但店主拒绝了这样的要求。顾客纠缠说:"我的生意不算小,会常来的,你肯定能赚很多钱!"店主告诉他,这事无论如何也不会做。顾客气急败坏地嚷道:"谁都会这么干的,我看你是太傻了。"店主火了,他要那个顾客马上离开,到别处谈这种生意去。这时,顾客露出微笑并满怀敬佩地握住店主的手:"我就是那家运输公司的老板,我一直在寻找一个固定的、信得过的维修店,你还让我到哪里去谈这笔生意呢?"

面对诱惑,不怦然心动,不为其所惑,虽平淡如行云,质朴如流水,却让人领略到一种山高海深。这是一种闪光的品格——诚信。

读一读

一个贤明的国王要从他的孩子当中选出一个优秀的人才,培养成未来的一国之主。他给每个孩子发了一些种子,并宣布谁能培育出最美丽的花朵谁就是未来的国王。得到种子后,孩子们都精心照料自己的种子,希望能得到最好的回报。有一个小王子也尽心尽力地培育那颗种子,早晚浇水、施肥,但是,花盆里的种子依然没有动静。小王子觉得很沮丧。比赛的日子到了,孩子们捧着自己栽种的花朵等待着国王的挑选。国王面对一朵朵争奇斗艳的鲜花,始终没有一丝笑容。直到看到捧着空花盆的小王子,国王才露出欣慰的微笑并宣布小王子赢得了这场比赛。原来,国王发下去的种子全部都是煮熟的,根本不可能发芽开花。

小思考

小王子为什么赢得了国王的青睐?在现实生活中,你是否也认为这样做是傻子?

....
....
....

技能训练

(1)案例分析:下着倾盆大雨的某一天,某公司的一位快递员接受了一份快递包裹的任务,他必须在公司承诺的时限内将包裹递送到客户手中。当快递员驱车100多公里赶到客户住所附近时,一条大河横在他面前。河上的桥梁已经被洪水冲毁,而最近的桥远在150公里之外,这时已经临近承诺客户的送达时间,快递员必须作出抉择。

一部手机、一些食物、一张透支额度5000美元的信用卡,快递员只能利用这些随身携带的物品完成任务。坐船渡河?附近没有船,而且水流湍急,河面太宽,游泳渡河更是不可能的。用手机向总部求助?总部的主管们也不会有什么太好的办法。赶到150公里之外的另一座桥梁?也许那里的桥也被冲毁了,而且时间已经来不及了。原地返回,明天再说?公司对客户的承诺将一文不值。

同学们,如果你是这位快递员将如何做,为什么?

(2)你知道成语"一言九鼎"的来历吗?它说明了什么?

我思我悟

我的收获与感悟:

> **画龙点睛**
>
> 良好的礼仪修养,博爱之心,诚信做人都是高尚情操的体现,是有效沟通的必备素质。

第四节
培养良好的心理素质

在当今世界,良好的心理素质被视作成功的重要因素,也是有效沟通的必备条件。所谓心理素质,是指一个人的心理诸要素及其发展水平,主要包括性格、兴趣、动机、意志等内容。它对人们特别是青少年的整体素质具有直接的影响,并制约着个人能力和才能的发挥。良好的心理素质应具备稳定向上的情感力量、坚强恒久的意志力量、鲜明独特的人格力量。

一、稳定向上的情感力量是有效沟通的前提

稳定向上的情感力量是指一个人心理健康,能保持心态平和、情绪稳定、乐观向上的精神状态,通常用情感智力即情商来衡量,即指人们对自己情绪、情感的更高认识、理解和利用。

> **读一读**
>
> 美国耶鲁大学的教师彼得·沙洛维和新罕布什尔大学的约翰·梅耶教授认为情感智慧(EQ)包括四个方面的内容:
> ① 情绪的知觉、评估和表达能力;
> ② 思维过程中的情绪促进能力;
> ③ 理解与分析情绪,可获得情绪知识的能力;
> ④ 对情绪进行成熟调节的能力。
> 美国《纽约时报》专栏作家戈尔曼出版了《情感智商》一书。在此书中他把情感智商概括为五个方面的能力:
> ① 认识自身情绪的能力;
> ② 妥善管理情绪的能力;
> ③ 自我激励的能力;
> ④ 认识他人情绪的能力;
> ⑤ 人际关系的管理能力。

作为新时代的接班人,我们必须具备良好的、稳定向上的情感智力,才能获得积极进取的动力源泉。

具有易怒型情感智力的人,其人际关系将会十分紧张,没有人愿意整天与情绪失控的人交往。那怎样才能排解不利的情感因素、培养自己具有稳定向上的情感力量呢?这里介绍几种常见方法。

1. 情境转移法

当愤怒陡出时,一般有五种处理怒气的方法:一是把怒气压到心里,生闷气;二是把怒气发到自己身上,进行自我惩罚;三是无意识地报复发泄;四是发脾气,用很激烈的方式发泄怒气;五是转移注意力以抵消怒气。其中,转移注意力是最积极的处理方法。火气上来的时候,对那些看不惯的人和事往往越看越生气、越看越恼火,此时不妨来个"三十六计走为上策"。迅速离开使你发怒的场合,最好能和谈得来的朋友一起听听音乐、散散步,你也会渐渐地平静下来。

2. 理智控制法

当你在动怒时,最好让理智先行一步,你可以自我暗示,口中默念:"别生气,这不值得发火。""发火是愚蠢的,解决不了任何问题。"也可以在即将发火的前一刻对自己下命令:不要

发火！坚持一分钟！一分钟坚持住了，好样的，再坚持一分钟！两分钟坚持住了，我开始能控制自己了，不妨再坚持一分钟。三分钟都坚持过去了，为什么不再坚持下去呢？所以，要用你的理智战胜情感。

3. 评价推迟法

怒气来自对刺激的反应，也许是别人的一个眼神，也许是别人的一句讥讽，甚至可能是对别人的一个误解。这事在当时使你"怒不可遏"，可是如果过一个小时、一个星期甚至一个月之后再评论，你或许认为当时的发怒很不值得。

4. 目标升华法

怒气是一种强大的心理能量，用之不当，伤人害己；使之升华，会变为成就事业的强大动力。要培养远大的生活目标，改变为眼前区区小事计较得失的习惯，更多地从大局、从长远去考虑一切。一个人只有确立了远大的人生理想，才能待人宽容，有较大度量，也不会容忍自己的精力浪费在微不足道的小事上，而妨碍对理想的追求。

> **读一读**

古时候，有一个妇人，特别容易为一些琐碎的小事生气。她也知道自己这样不好，便去求一位高僧为自己讲禅说道，开阔心胸。

高僧听了她的讲述，一言不发地把她领到一间禅房中，落锁而去。

妇人气得跳脚大骂。骂了许久，高僧也不理会。妇人又开始哀求，高僧仍置若罔闻。

妇人终于沉默了。

高僧来到门外，问她："你还生气吗？"

妇人说："我只为我自己生气，我怎么会到这地方来受这份罪。"

"连自己都不原谅的人怎么能心如止水？"高僧拂袖而去。

过了半晌，高僧又来问她："还生气吗？"

"不生气了。"妇人说。

"为什么？"

"气也没有办法呀。"

"你的气并未消逝，还压在心里，爆发后将会更加剧烈。"高僧又离开了。

高僧第三次来到门前，妇人告诉他："我不生气了，因为不值得气。"

"还知道值不值得，可见心中还有衡量，还是有气根。"高僧笑道。

当高僧的身影迎着夕阳立在门外时，妇人问高僧："大师，什么是气？"

高僧将手中的茶水倾洒于地。妇人视之良久，顿悟，叩谢而去。

> **小思考**
>
> 高僧将手中的茶水倾洒于地告诉我们什么？他这么做的目的是什么？
>
> ……………………………………………………………………………………………
> ……………………………………………………………………………………………
> ……………………………………………………………………………………………

培养稳定向上的情感力量还有一个核心问题，那就是要树立自信心。自信心是人生重要的精神支柱，是人们行为的内在动力。在人际交往中，有自信心的人能够充分发挥长处，坦然自若，落落大方，以积极的姿态处理可能产生的各种人际矛盾。即使在自己处于不利境遇时，也能进行积极的自我暗示、自我鼓励，从而保持心理平衡，变不利为有利，达到自我激励的效果。

在平时的生活中，有许多人会对自己做出一系列不利的推想，结果真的把自己置于不利的境地。在做一件事前，如果你先在心中对自己说："可能不行吧，万一……会怎么样。"这样，结果可能还没去做，你就没有信心了，而事情十有八九也会朝着你设想的不利方向发展。

> **读一读**
>
> 一位留美的计算机博士，毕业后在美国找工作，结果当时经济不景气，好多家公司都没有录用他，思前想后，他决定收起所有证明，以一种"最低身份"再去求职。
>
> 不久，他被一家公司录用为程序输入员，这对他来说简直是"高射炮打蚊子"，但他仍干得一丝不苟。不久，老板发现他能看出程序中的错误，非一般的程序输入员可比，这时他亮出了学士学位证，老板给他换了个与大学毕业生对口专业的岗位。
>
> 过了一段时间，老板发现他时常能提出许多独到的有价值的建议，远比一般的大学生要高明。这时，他又亮出了硕士学位证，于是老板又提升了他。
>
> 再过一段时间，老板觉得他还是与别人不一样，就对他"质询"，此时他才拿出博士学位证，老板对他的水平有了全面认识，毫不犹豫地重用了他。

> **小思考**
>
> 大家认为这个博士是否具有稳定向上的情感力量？他的哪些经验值得我们学习？为什么？
>
> ……………………………………………………………………………………………
> ……………………………………………………………………………………………
> ……………………………………………………………………………………………

培养稳定向上的情感力量还必须具有自我激励的能力,永远保持积极向上的心态。

> **读一读**
>
> 营销界都知道美国两个推销员向非洲土著人推销鞋子的故事:在考察了市场后,其中一个推销员回来向公司报告说,当地人一年四季光着脚不穿鞋子,因此鞋子在当地没有市场;可另一个推销员却抱着另外一种想法,他回来向公司汇报,说当地人虽然不穿鞋子,可如果向他们说明穿鞋子的好处,并加以演示、试穿,说不定鞋子的市场前景广阔,潜力巨大。

可见,同一件事情,以不同的眼光、不同的心态对待,其结果就会大相径庭。学会自我激励,可以不断充实积极的人生态度。学习以下五个自我激励的方法,让你变得更有动力。

1. 设定目标

设定一个目标是激发动力最好的方式之一。设定目标时,应该确保目标具有可行性和明确性。设定的目标应该具有挑战性,但又不应过于困难,否则会让人失去信心。通过设定目标来明确自己的方向,并且在追求这个目标的过程中,获得成就感。

2. 积极思考

消极的想法和态度会让人失去动力。因此,积极思考是激励动力的重要手段。要学会发现生活中美好的事物,例如一本好书、一首好歌、一份美食等。同样地,当你对生活充满感激和热情时,即使是再小而美的事物也会成为一个人动力的来源。

3. 与积极乐观的人交往

积极乐观的人总是能够激励周围的人,与积极乐观的人交往可以帮助你保持积极的态度和动力,还可以让你受益于他们的经验和智慧,获得更多的启发和支持。

4. 制定计划

一个好的计划可以让你在追求目标时更有效率,更有动力。制定计划时,应该明确目标和时间表,将任务分解成小步骤,以便更容易完成。同时,在完成每个小步骤后,你会获得成就感,这也会进一步激发你的动力。

5. 锻炼身体

坚持锻炼身体可以帮助我们保持精力充沛和积极的态度。身体的健康状态也会影响我们的心理状态。适当的锻炼可以让我们感到更有活力和动力。

总之,通过设定目标、积极思考、与积极的人交往、制定计划和锻炼身体等方式,可以激励自己的动力。当我们感到动力不足时,不妨尝试这些方法,相信你会找到一种适合自己的方式,让自己重新充满动力,迎接生活中的挑战。

二、坚强恒久的意志力量成就沟通

意志是人们自觉地确定目的,支配并调整自己的行动去克服各种困难,从而达到预定目的的心理活动。意志是与克服困难相联系的概念。意志品质是衡量一个人意志是否健全、意志力量是否强大的主要依据。人的意志品质主要包括人的意志自觉性、意志果断性、意志坚持性、意志自制力。

> **读一读**
>
> 一位63岁的老人从纽约市步行到佛罗里达州的迈阿密。经过两千多公里的长途跋涉,克服重重困难,她终于走到了目的地。有位记者采访了她,记者想知道,是什么力量让这位60多岁的老人徒步走完了全程。老人答道:"走一步路是不需要意志力的。我所做的就是这样。我先走了一步,接着走一步,然后再一步,就这样,我到了这里。"同样,一位奥运射击冠军说过这么一段话:"我当然想拿冠军,但是到了赛场上,我只知道一枪一枪,将每一发子弹打好。就这样,我拿到了冠军。"

目标的实现,需要勇气,更需要坚强的意志。什么东西比石头软,却能穿透石头?答案是水,软水穿透了硬石,靠的就是坚持不懈。也许我们的人生旅途上沼泽遍布,荆棘丛生;也许我们追求的风景总是山重水复,不见柳暗花明。那么,我们为什么不可以以勇敢者的气魄,坚定而自信地对自己说一声"再试一次"呢?

意志自觉性是人对自己的行动目的有着正确而又充分的认识,能主动支配自己的行动,以达到预期的目的。与之相反的是盲目性。

意志果断性是指人们善于明辨是非,把深谋远虑和当机立断结合起来,及时地做出决定并执行决定。它以正确和勇敢的行动为特征,与之相反的是优柔寡断与草率行事。

意志坚持性是指一个人能长时间专注和控制行动去符合既定目的而表现出来个性坚强的毅力。与此相反的是意志薄弱、浅尝辄止、半途而废。

意志自制力是指一个人在行动中善于控制自己的情绪,约束自己的言行。与此相反的是感情冲动、意气用事。

富兰克林说:"成功属于那些不屈不挠的人。"遇到挫折,我们不能悲观失望,不能丧失斗志,我们要知道前进中的曲折性。不经历风雨,怎能见彩虹?

> **读一读**
>
> 一个女孩毫无道理地被老板炒了鱿鱼。中午,她坐在单位大门口喷泉旁边的一条长椅上黯然神伤,感到生活失去了颜色,人生变得黯淡无光。这时她发现不远处一个小男孩站在她的身后咯咯地笑,她就好奇地问小男孩:"你笑什么呢?""这条长椅早晨刚刚

漆过,我想看看你站起来时背面是什么样子。"小男孩说话时一脸使坏的神情。

女孩一怔,猛地想到:昔日那些刻薄的同事不正和这小家伙一样躲在我的身后想窥探我的失败和落魄吗?我决不能让他们的用心得逞,我决不能丢掉我的志气和尊严!

女孩想了想,指着前面对那个小男孩说:"你看那里,那里有很多人在放风筝呢。"等小男孩发觉到自己受骗而恼怒地转过脸时,女孩已经把外套脱了拿在手里,她身上穿的鹅黄的毛线衣让她看起来青春漂亮。小男孩甩甩手,嘟着嘴,失望地走了。

我们面对的世界是一个充满挑战的世界。21世纪是一个信息的时代,是一个竞争更加激烈的时代,因此,克服困难,迎接挑战,我们别无选择。

在人际沟通中我们经常面临各种各样的困难,只要我们勇敢面对,我们将会实现最终的目标。

你观察过一个正在凿石的石匠吗?他在石块的同一位置上恐怕已敲打了上百次,却丝毫没有什么改变,但是就在敲那第一百零一次的时候,石头突然裂成了两块。使石头裂开的并不只是这第一百零一下,还有先前敲的一百下。

技能训练

(1) 你在人际沟通时遇到困难怎么办?

....
....
....

(2) 给自己制定一个小目标,一个月后看看是否达到了这个目标。

我的目标是	是否达成
	□是 □否

记住:坚持到最后一分钟最重要。

三、鲜明独特的人格力量是沟通成功的基石

人的人格力量主要是指一个人表现在外的形象力量。它主要指人的品行素质、思维素质和行为素质。

品行素质是人们的道德品性、行为修养素质。它具体表现为个体道德行为的完整性、时代性、自律性与个体道德行为的个性化。

读一读

一次,拿破仑·希尔先生应邀到一所学院讲学,受到了从未有过的热烈欢迎。他说不枉此行,因此婉言谢绝了校方付给他的一百美元报酬。

第二天早晨,那所学院的院长对学生们动情地说:"在我主持这所学院的二十年间,我曾经邀请过几十位知名人士前来向学生们发表演说。但是,这是我第一次遇到有人拒绝接受他的演讲酬金,因为,他认为自己已在其他方面有所收获,足以抵得上他的演讲酬金。这位先生是一家全国性杂志的总编辑。因此我建议你们每个人都去订阅他的杂志。因为像他这样的人一定拥有许多美德及能力,是你们将来离开学校踏上社会必定用得到的。"

不久,拿破仑·希尔任主编的《希尔的黄金定律》杂志社收到了这些学生 6000 多美元的订阅费。在以后的两年中,这所学院的学生和他们的朋友一共订阅了总价 50 000 多美元的杂志。

小思考

拿破仑·希尔先生得到了什么?为什么?

....
....
....

鲜明的人格力量给拿破仑·希尔先生带来了成功的契机。人们信赖人格高尚的人,愿意与这种人交往。鲜明独特的人格力量来源于个体的思想素质。

个体的思想素质是指个体产生的对内在、外在事物的想象能力,以及个体对自我思想的排列、组合、归纳能力。人有思想是人区别于动物而又高于动物的本质体现;人有思想是人们寻求出路、追求成功的一个根本前提。

思想和思维也是个体个性最主要的表现因素。只有有思想的人才能显示出其个性,也才符合素质教育尊重个性、崇尚个性发展的要求。一个缺乏较强形象思维的人是很难有大成就的。

鲜明的人格力量还来源于人的行为品质。行为品质主要是指一个人的交往能力、抱负

水平和创新能力。

个体的交际能力主要有：①认知能力：这是个体认识事物、分析事物的能力。只有明确地认识分析事物，才能用恰如其分的符号进行表达，这是人际交往的前提。②扮演能力：能把自己理解的事物传给别人，同时也能客观地扮演他人的角色。只有这样，个体间才能互相理解，达到沟通。③决策能力：在想象中进行行为预演，能够控制不适当的行为路线，并选择一条可以公开采纳的合适的行动途径。④协调能力：人际关系是一个系统网络，各方关系之间具有互动性，一方的吸引或排斥过度会影响其他各方面的吸引或排斥。个体要妥善协调各种关系，使各种关系之间能保持一定的平衡。即使平衡被打破，也应该是正向地发展达到新的平衡，而不应反向发展。

抱负水平是指个体在追求成就或从事某项工作时，为自己设立的所要达到的成就目标、抱负水平对于个人应对挫折能起到积极的作用。应对挫折包括两个方面。其一，能摆正自己的位置，使自己抱负水平与自己的能力、目标相一致。抱负水平受以下因素影响：①个人的成就动机，成就动机越强，则自我的期望水平就越高；②过去拥有成功经验，一帆风顺的人期望水平也较高；③目标实现的可能性，目标实现的可能性越大，个体的期望水平就越高；④个体期望水平还受外部环境条件的影响，如：社会、个体所处集体、与个体有关的他人的期望或要求，都会对个体期望水平产生影响。其二，个体的挫折容忍力，挫折容忍力是人们对挫折状态的容忍能力。挫折容忍力受以下因素的影响：①生活经历，有处理挫折经验的人比缺乏挫折经验的人更能忍受挫折；②挫折准备，对挫折有思想准备的人比毫无挫折防备的人更能忍受挫折；③个性素质，意志坚强者比意志薄弱者更能承受挫折；④挫折感知，同一挫折情景因当事人的主观感知不同，而具有不同的心理感受；⑤个体价值观，价值观越强的人对挫折的容忍度也就越强。

读一读

有一天，某个农夫的一头驴子不小心掉进了一口枯井里。农夫绞尽脑汁想救出驴子，但几个小时过去了，驴子还在井里痛苦地哀嚎着。最后，这位农夫决定放弃，他想这头驴子年纪大了，不值得大费周章去把它救出来，不过无论如何，这口井还是得填起来。于是农夫便请来左邻右舍帮忙一起将井中的驴子埋了，以免除它的痛苦。农夫和邻居们人手一把铲子，开始将泥土铲进枯井中。

当这头驴子了解到自己的处境时，刚开始哭得很凄惨。但出人意料的是，一会儿之后这头驴子就安静下来了。农夫好奇地探头往井底一看，出现在眼前的景象令他大吃一惊：当铲进井里的泥土落在驴子的背部时，它便将泥土抖落在一旁，然后站到铲进的泥土堆上面！就这样，驴子将大家铲到它身上的泥土全数抖落在井底，然后再站上去。很快地，这只驴子便得意地上升到井口，然后在众人惊讶的表情中快步跑开了！

> **小思考**
>
> 面对挫折,驴的做法是什么?我们可以从中获得哪些经验?
>
> ....
> ....
> ....

创新品质是指创新意识、创新精神、创新行为。它来源于人的思想和思维,没有积极生动的思想就不可能有创造性思维,也就不可能有人的创新能力。创新能力是一个人综合实力的度量标准。

读一读

据说篮球运动刚刚诞生之时,篮球架上钉的是真正的篮子。所以每当球被投进的时候,都需要一个专门的人登上梯子把球拿出来。为此,比赛不得不断断续续地进行,缺少激烈紧张的气氛。为了让比赛进行得更顺畅,人们想了很多方法,都不太理想。有位发明家甚至制造了一种工具,在下面一拉就能把球弹出来,不过这些都没能让比赛变得顺畅。

终于有一天,一位父亲带着他的儿子来看球赛。小男孩看到大人们一次次不辞劳苦地取球,不由得大惑不解:为什么不把篮筐的底去掉呢?一语惊醒梦中人,大人们如梦初醒,于是才有了今天我们看到的篮网样式。

去掉篮筐的底,就这么简单,但那么多有识之士都没有想到。听来让人费解,然而这个简单的"难题"困扰了人们多年。可见,无形的思维定式就像那个结实的篮子禁锢了我们的头脑,使得我们的思维就像篮球被"囚禁"在了篮筐里。

一个人的品行素质、思维素质和行为素质成就一个人的个性。鲜明、独特的个性容易给人以深刻的印象,在人际交往中这种人更容易被别人接受。

读一读

从前,有个国王在大臣们的陪同下,来到御花园散步。国王瞧着面前的水池,忽然心血来潮,问身边的大臣:"这水池里共有几桶水?"众臣一听面面相觑,全答不上来。国王下旨:"给你们三天考虑,回答上来重赏,回答不上来重罚!"眨眼三天到了,大臣们仍一筹莫展。就在此时,一个小孩走向宫殿,声称自己知道池塘里有多少桶水。国王命那些战战兢兢的大臣带小孩去看池塘。小孩却笑道:"不用看了,这个问题太容易了!"

> **小思考**
>
> 大家想想小孩怎么回答？为什么小孩能够提出这种解决办法？
> ....
> ....
> ....

我思我悟

我的收获与感悟：
....
....
....

画龙点睛

良好的心理素质是成功的重要因素，是有效沟通的基础。

本章回顾

一个人要拥有卓越的沟通能力，首先必须具备的素质有：

1. 胸无点墨怎能谈吐不凡，知识是核心，学习是支柱。
2. 沟通的魅力是一个人内在素质的外在体现，要提升自己沟通的魅力，关键还在于丰富自己的内在学识与修养。语言魅力体现了一个人的人格魅力，善用语言艺术，勤奋练习是途径。
3. 人格的魅力价值还来自个人所具备的优秀品质。只有具备高尚道德情操的人，才具有真正吸引人的魅力。
4. 良好的心理素质已被列为成功的重要因素，也是有效沟通的必备条件。一个人只有具备稳定向上的情感力量、坚强恒久的意志，才能达到有效沟通的佳境。

本章练习

一、填空题

1. 知识是沟通的_____,知识包括_____、_____ 。
2. 学习的两种途径是:_____和_____。
3. _____是表情达意的一种重要手段。
4. 人格魅力是指一个人具有的_____和_____。
5. 礼仪修养主要是指人们为了达到一定的_____目的,按照一定的_____,并结合自己的实际情况,在礼仪品质、意识等方面所进行的_____和_____。
6. _____是有效沟通的必备条件。

二、简答题

1. 谈谈如何通过学习来帮助沟通。

2. 什么是语言发送艺术?

3. 如何提高一个人的口语发送能力?

4. 怎样培养自己的口才?

5. 礼仪修养的基本原则有哪些?

三、测一测

1. 自测一下,你是否具有以下性格特点:

(1) 一发火就骂人、砸东西,甚至打人。

(2) 情绪反应十分简单,缺乏幽默感,不会开玩笑,遇到顺心事也往往沉默不语,但对不如意的事常会通过吵架、发脾气等方式解决。

(3) 面对生活中的挫折,心理防御的方式只有一种,就是发泄。

(4) 对很小的事也沉不住气。

(5) 火暴脾气一点就着,什么事都干得出来;当时不能自控,事后又特别后悔。

(6) 听不进任何人的劝说,尤其在情绪激动的时候。

这些是易怒者的典型特征。

你认为易怒型的人情商怎么样?在人际交往中你喜欢这种人吗?如果你有时也有这种情感表现,你如何排解?

....
....
....

2. 测测你的自信水平:

(1) 当你经过陈列窗或镜子的时候,你喜欢停留一下,照照自己吗?
  A．经常   B．偶尔   C．很少

(2) 由于你的过失而产生了不愉快的场面或难题的时候,你会怎么办?
  A．为了使自己不受责备,想出一套似是而非的托词
  B．承担起应负的责任,尽全力处理善后问题
  C．尝试改善事态,并寻求对自己有利的解释

(3) 对自己不熟悉和不擅长的事,你能大胆并愉快地接受吗?
  A．很难   B．偶尔   C．没问题

(4) 自己的家庭和生活,需要和周围的人保持相同的水平。你认为这个见解如何?
  A．完全正确   B．有点正确   C．不对

第五章
让自己更受欢迎

本章引言

父母是我的生活支柱，
老师是我的指路明灯，
同学是我的亲密伙伴，
而我只是大海中的浪花，
拍打自己生命的礁石，
是因为有了他们，
我人生的彩虹才格外绚丽……

知识目标

1. 明确"认识自我"既是一门艺术，也是一门学问；
2. 认识早恋的危害性；
3. 概括与父母、老师、同学相处的有关原则；
4. 会归纳展现自我、与他人正确交往的方法和技巧。

能力目标

1. 能初步运用人际交往的普遍原则来认知自己的行为；
2. 能自觉规范自己与他人交往时的行为。

情感目标

树立正确的人生观和价值观。

思维导图

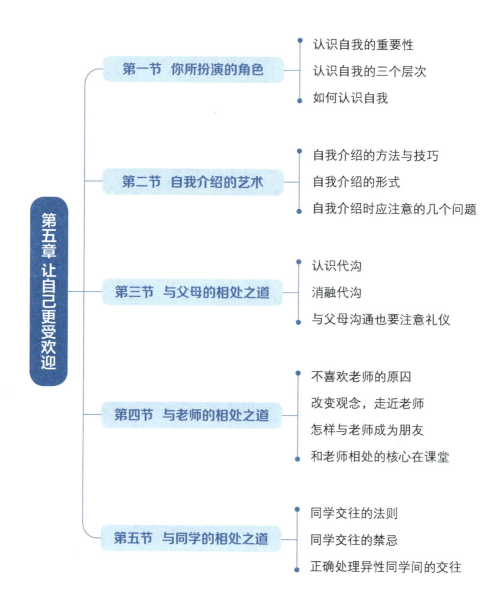

第一节
你所扮演的角色

希望能被人喜欢和欣赏是每个人内心深处的渴望。茫茫人海,大千世界,在人生绚丽的舞台上,我们都渴望做一个被人喜欢、受人欢迎的人。在家里,我们渴望得到父母的喜欢,在学校,我们渴望得到老师同学的欢迎……其实,拥有这些并不难,只要你能正确地认识自己,了解自己所承担的社会角色,用心扮演好自己的角色,你必将成为一个受欢迎的人。

读一读

一只秃鹰飞过王宫,看见王宫中的一只黄莺很受国王的宠爱,于是就问黄莺:"你是怎么得到国王宠爱的?"

黄莺回答说:"我到皇宫后,唱歌十分动听,国王非常喜欢听我唱歌,于是就喜欢我,经常拿珍珠打扮我。"

秃鹰听了,心中很是羡慕,它想:"我也应该学学黄莺,这样说不定国王也会喜欢上我。"于是它就飞到国王睡觉的地方,开始唱歌。

国王睡梦中听到了秃鹰的叫声,觉得很恐怖,派人查看后,发现原来是一只秃鹰不知道为什么在叫。国王愤怒地吩咐属下将秃鹰抓来,并命令拔光秃鹰的羽毛。

小思考

你认为秃鹰的问题出在哪里呢?
....
....
....

一、认识自我的重要性

古语曰:"知己者明。"早在两千年前,古希腊人就把"认识自己"作为铭文镌刻在德尔菲神庙上。尼采也曾说:"聪明的人只要能认识自己,便什么也不会失去。"

我是谁?我能做什么?我应该怎么去做?这三个看起来如此简单的问题,却时常困扰着现在许许多多的精明人。只有正确认识自己、了解自己,才能在人际交往中做到知己知彼、扬长避短、挥洒自如。

在现实生活中,如果自我被夸大,就容易产生虚荣心理,形成自满,使他人避而远之;如果自我被贬低,就容易产生悲观情绪,认为自己一无是处,降低自己和别人交往的信心。可见,正确认识自己在人际交往中多么重要。

审视自己,走进自己,其实是一件很容易的事情。正如笛卡儿所说:"我思故我在。"关键是我们要有良好的思考习惯,不断反思自己,这样才能正确认识自己。

二、认识自我的三个层次

认识自我,即自我认知,是指个体对自己的思维、情感、行为等方面的认知和理解。它是人们自我意识形成和了解自我的基础,也是人们进行自我评价和自我调节的重要依据。在心理学领域,自我认知被认为是人类认知活动的核心之一,对个体的发展和成长具有重要的影响。自我认知涉及的层次有三个,分别是知觉自我认知、概念自我认知和反思自我认知。

1. 知觉自我认知

知觉自我认知是指个体对自己外在形象的认知和理解。这一层次的自我认知主要通过感知和观察自己的外貌、行为等来实现。人们通过镜子、照片等工具来观察自己的外貌,并通过与他人的比较来获得关于自己外貌的认知。此外,人们还通过观察自己的行为举止来了解自己的特点和特征。知觉自我认知对于个体的自我形象建构和自我评价具有重要的作用。

2. 概念自我认知

概念自我认知是指个体对自己内在特征和能力的认知和理解。这一层次的自我认知主要涉及个体对自己的性格、兴趣爱好、能力等方面的认知。人们通过观察自己的行为和思维方式,以及他人对自己的评价,来了解自己的内在特征。个体对自己的概念自我认知的准确性和客观性,对于个体的心理健康和自我发展具有重要的影响。

3. 反思自我认知

反思自我认知是指个体对自己心理活动和意识流程的认知和理解。这一层次的自我认知主要涉及个体对自己的思维方式、情感体验、意识流程等方面的认知。人们通过回忆、观察和思考等方式来了解自己的心理活动。反思自我认知对于个体的意识调控、情绪管理和自我改变具有重要的作用。

这三个层次相互关联、相互影响,共同构成了个体对自己的全面认知和理解。自我认知的发展是一个渐进的过程,需要个体不断地观察、思考和反思。只有通过不断地自我认知,个体才能够真正了解自己,发现自己的优势和劣势,并做出相应的调整和改变。

三、如何认识自我

1. 在经常的自我反省中认识自我

孔子曰:"吾日三省我身。"只有经常进行思考、反省,才能更清楚地了解自己。在反省中自我评价,在反省中自我鉴别,在反省中自我裁定。

2. 在他人的评价中认识自我

正所谓"当局者迷,旁观者清",往往别人对自己的看法会更加客观。我们不但要听取别人好的评价,更要学会接受批评。兼听则明,偏听则暗。人往往总是"不识庐山真面目,只缘身在此山中"。

3. 在与别人的比较中认识自我

唐太宗有句名言:"以铜为鉴,可以正衣冠;以人为鉴,可以知得失。"马克思也曾经说过:"每个人到这个世界都没有自带镜子,是通过别人来看到自己的。"他人是反映自我的镜子,与他人交往,是个人获取自我认识的重要来源。

拓展学习

橱窗分析法

技能训练

(1) 你知道自己每一天生活的价值和意义吗?
....

(2) 你知道自己在别人心目中是什么形象吗?
....

(3) 你知道自己真正的能力与专长吗?
....

(4) 请你向班级四位同学征集自己的优点和缺点各四条。

我的优点有:① ....
② ....
③ ....
④ ....

我的缺点是:① ....
② ....
③ ....
④ ....

第二节
自我介绍的艺术

如果说认识自我是一种学问,那展现自我就是一门艺术。

现代人要生存、发展,就需要与他人进行必要的沟通,以寻求理解、帮助和支持。展现自己有多种形式,其中,自我介绍是最基本、最常规的方式,是人与人进行相互沟通的出发点。艺术性的自我介绍,犹如商品广告,在短时间内,将自己最美好的一面,毫无保留地表现出来,以刺激着"顾客"的神经,引发他"购买"的冲动。那么,我们怎样进行自我介绍呢?

一、自我介绍的方法与技巧

1. 名字故事化

每个人的名字都有一个来历,不管是平凡常见的还是另辟蹊径的,总有它的故事。我们可以通过讲故事的方式让人轻松记住你的名字,从而做出成功的自我介绍。

比如说,上学的时候,有一个叫谢锋的同学,他是这么做自我介绍的,我叫谢锋,如果大家记不住我的名字,我教你们一个方法,有个演员谢×锋,我和他之间就差一个字,把中间的字去掉,就成了我的名字。大家听了他的自我介绍都笑了,通过他幽默风趣的语言记住了他的名字。也许有人会说:"我的名字太普通了,去菜市场喊一声都会有人回应,也没什么故事。"其实也没关系,只要你给它加一个背景,它马上就会变得有意义。想想有什么故事是可以利用的,比如你的名字跟一些名人明星有没有相似的地方,又或者是你的名字里有没有谐音可以用来发挥的。

比如有一个叫刘圆圆的人,她在自我介绍时说:"我叫刘圆圆,这名字是我妈妈给我取的,她是个爱美的人,总希望我长大以后像圆润的珍珠一样美丽、没有瑕疵,成为一个大美人。"这样的自我介绍内容就很有记忆点,也容易被大家记住。

学会把名字故事化,可以让你的自我介绍更加幽默风趣,内容更加丰富多彩,更容易让他人接受。所以,当我们在做自我介绍的时候,可以试着想想形象具体的故事来辅助自我介绍,这样既有话可说,也很好地做出了自我介绍。

2. 内容善自嘲

自嘲,表面上看是拉低自己,本质上却是接纳自己的不完美,敢于把自己的弱点展示出来,而且可以产生出幽默的效果。

举个例子,英国作家杰斯塔东是个大胖子,由于"体积"过大,行动往往不太方便,但他从来不以胖为耻,他曾有过这样的自嘲:"我是一个比别人亲切三倍的男人。因为每当我在公共汽车上让座时，便足以让三位女士坐下。"把一众朋友都逗乐了。有时候自嘲就是最能打动人心的社交武器，敢于拿自己的缺点开玩笑，是豁达乐观的表现。而在自我介绍中加入一些自嘲，大家听到后往往会会心一笑，但这并不意味着嘲笑，而是说明你成功引起了大家的注意，给人留下的第一印象自然就比普通的自我介绍更深。同时善于自嘲也说明你是个幽默、大度的人，会让人相信你对工作怀抱的热情和自信。

通过自嘲的方式进行自我介绍，不仅能卸掉你内心对于自身不完美的包袱，还能拉近与别人的距离。这么做即成功地介绍了自己，也能加深他人对你的第一形象。只要大家都能会心一笑，那么你的自我介绍也就成功了。

3. 细节变具象

如何在细节上做文章，让自我介绍锦上添花呢？可以尝试用提问的方法来进行互动，在互动中传递有关你的细微的信息，以此将细节具化来做出让人印象深刻的自我介绍。比如小亮在学校主修烹饪专业，一次参与学校组织到社区进行志愿者活动，他做自我介绍时这样说："请大家猜一猜我今后的工作是什么？"说着便做了几下标准的颠勺动作，下面立刻就有人抢着说出了答案。他这样开场就引起了互动，活跃了当时场面的气氛，在场人一下就记住了他的名字。

这样的表达方式不仅使我们和听众有了互动的效果，而且通过调动听众的思考，可以让听众对我们产生深刻的印象，从而记住我们。通过运用细节故事来阐述自己的经历，来描述自己的形象，从而引起场面互动。比起干巴巴的自我介绍，这个方法更深得人心，更能获得自我介绍的成功。细节变具象让表达更加丰富多彩，所以在做自我介绍的时候，可以通过细节变具象这个方式让你的自我介绍更简单快速地完成，并且还能收到不错的效果。

二、自我介绍的形式

1. 应酬式

应酬式自我介绍适用于某些公共场合和一般性的社交场合，这种自我介绍最为简洁，往往只包括姓名一项即可。如："你好，我叫张小强。""你好，我是李大波。"

2. 工作式

工作式自我介绍适用于工作场合，包括本人姓名、供职单位及其部门、职务或从事的具体工作等。如："你好，我叫张小强，是国恩电脑公司的采购经理。""我叫李大波，在北京大学中文系教外国文学。"

3. 交流式

交流式自我介绍适用于社交活动中，希望与交往对象进一步交流与沟通。它大体应包括介绍者的姓名、工作、籍贯、学历、兴趣及与交往对象的某些熟人的关系。如："你好，我叫张小强，我在国恩电脑公司上班。我是李大波的老乡，也是北京人。""我叫王里朝，是李大波的同学，也在北京大学中文系任教，我教中国古代汉语。"

4. 礼仪式

礼仪式自我介绍适用于讲座、报告、演出、庆典、仪式等一些正规而隆重的场合,包括姓名、单位、职务等,同时还应加入一些适当的谦辞、敬辞。如:"各位来宾,大家好!我叫张小强,我是国恩电脑公司的销售经理。我代表本公司热忱欢迎大家光临我们的展览会,希望大家……"

三、自我介绍时应注意的几个问题

1. 保持良好的状态

谈吐大方,语气适中,保持自然随和,语速过快或者过慢,都会影响和对方的沟通效果。

沉着冷静,举止大方,保持端正的坐姿或站姿,有自然的目光接触或对视,切忌身体倾斜、抖动,眼神游离。

态度真诚,谦卑有礼,对于一个真诚有礼的人,大家都是喜闻乐见的,而夸夸其谈、口若悬河是万万不可取的。

2. 控制好时间

自我介绍的内容一定要简明扼要,长话短说,挑重点的说,时间尽量控制在一分钟之内,特别是在工作团队面前做自我介绍的时候,时间不宜拖长。

3. 利他思维

自我介绍应该是一种双向沟通,你在展现自己的同时要让对方能够获取到你的关键信息。所谓利他思维,其实就是从对方的立场出发,以对方可以接受、理解的语言将有关自己的信息传达给对方。

技能训练

(1) 向你的同桌介绍一下你自己。
(2) 以小组为单位,以"我说我自己"为主题,进行演讲比赛。

我思我悟

我的收获与感悟:

第三节
与父母的相处之道

骨肉亲情是一种温暖的情感,像一条缓缓流淌的小溪,轻轻吟唱着,在心与心之间传递着人世间最纯最美的信息。感谢父母,是他们将我们带到了这个美好的世界;感谢父母,是他们的关爱与呵护,为我们撑起一把温情的伞。

读一读

方同学喜欢听音乐,尤其是一些电子乐、说唱等,还整天嘟嘟囔囔嘴里反复练习着一些说唱的歌词。父母想和他交流一下,可他老是不耐烦地说:"和你们说了你们也不懂,我们有代沟……"

小思考

你能想象此时方同学父母的心情吗?

....
....

在你的生活中有没有碰到过这样的情况,你认为什么是代沟呢?

....
....

你认为现在你和父母间最大的代沟是什么呢?

....
....

一、认识代沟

同学们是否体会到,随着年龄的增长,我们与父母的关系已不再像小时候那样亲密,这是为什么呢？有人说："世上有种结难以解开，它叫心结；世上有扇门难以敞开，它叫心扉；世上有条沟难以逾越，它是代沟。"

代沟妨碍了两代人的沟通。父母关心子女，子女尊敬父母，是中华民族的传统美德。父母子女间的欢歌笑语是人世间最美妙的音乐，然而这美妙的音乐也经常出现不和谐的音符，猜忌、烦恼、矛盾甚至冲突时有发生。

一项问卷调查显示：有61%的学生认为父母不了解自己，75%的学生认为父母思想太保守，76%的学生希望拥有自己的一片天空。为什么会有这样的情况出现呢？

影响父母子女和谐关系最大的问题是代沟。代沟，简单来说就是不同年龄层次的人因思想观念上的差距造成的心理距离。它隔开了一代人与其上一代的人，影响着两代人之间的理解和沟通。

二、消融代沟

在人性的河流里，有一种永不干涸的内容，它就是理解，对父母的爱也就蕴含在其中。

减少代沟，首先要尊敬长辈，爱护晚辈。因为不被理解和不可理解是滋孕代沟的"羊水"。彼此尊重各自的思想方法和生活方式，不要把自己的想法和做法无原则，甚至是野蛮地强加给对方。只有在理解和宽容中才能求同存异，和谐统一。理解万岁！

"代沟诚可怕，个性价更高，若为真情故，两者皆可消。"彼此的理解和尊重是消融代沟最有效的方法。

1. 建立互相尊重的关系

父母和孩子之间的代沟往往是由于双方之间的沟通不畅和彼此不尊重所导致的。因此，建立互相尊重的关系是解决代沟问题的第一步。父母要尊重孩子的意见和想法，孩子也要尊重父母的经验和智慧。

2. 学会倾听和沟通

倾听和沟通是解决代沟问题的关键。父母要学会倾听孩子的心声，理解他们的想法和需求；孩子也要学会倾听父母的建议和意见，从中受益。在沟通时，父母要避免指责和批评，要以理性和客观的态度与孩子进行交流。

3. 建立共同的兴趣爱好

建立共同的兴趣爱好是增进亲子关系的一种有效方式。父母和孩子可以共同参加一些活动，例如旅行、体育运动、看电影等，从中建立起互相信任和尊重的关系。

三、与父母沟通也要注意礼仪

有些人和父母说话时随心所欲，从不顾忌父母的感受，却不知自己的言行已经让父母难过伤心了。为了父母的微笑，与父母沟通时，也需要注意技巧。

1. 不要抱怨父母

无怨无悔,不求回报!这就是我们的父母。尽心为家庭,无愧待子女。也许他们平时没注意与我们的沟通,也许不了解我们的心理,可那颗关爱之心,始终在无私地包容着我们,倾尽所能地满足着我们。面对这伟大的亲情,我们还要抱怨父母什么,我们还能抱怨父母什么!让我们为全天下所有的父母唱一曲《懂你》,表达对他们最诚挚的敬意!

2. 敞开心扉、注意技巧

要想理解,先得了解,最好的相互了解的方式就是交心。敞开自己的心扉,与父母进行诚恳的交流。在相互理解之后,自然就会涌动起爱心,会澎湃起孝心。在交流过程中得体的话语、温暖的目光、灿烂的微笑都是消除代沟的有效工具。

- ◆ 讲出来:将你内心真实的感受、痛苦、想法和期望讲出来,但是要注意说话的语气。
- ◆ 讲究沟通时机:有情绪时不要沟通。
- ◆ 承认错误:这是沟通的消毒剂,可改善和转化沟通的问题。
- ◆ 让奇迹发生:如果自己愿意认错,就是在替自己与家人创造奇迹。
- ◆ 爱:爱是最好的治疗师。

技能训练

(1) 作文:我给爸妈的一封信。(请另附信纸,将内容写在信纸上)

(2) 回家和父母聊聊你喜欢的明星,把你的想法和父母交流一下,下次上课的时候大家一起交流你父母最喜欢明星的哪一方面。

读一读

"我妈最唠叨了,像祥林嫂。""我爸才不像个男人呢,总婆婆妈妈地提醒我多穿衣服、多喝水……"小刚和小文这两个好朋友在一起时,总免不了互相"诉苦"。他们一起商量出若干对策:父母对自己说话时立即把电视声音调大,或是装着要上厕所躲进卫生间不出来,被唠叨得受不了时一定要反击……有一天,小文一句"你烦不烦啊!"把妈妈噎得半晌说不出话。当他很得意地打电话给小刚汇报完"战果"后,经过厨房时无意间看到了妈妈正给自己做最爱吃的红烧

鱼,眼角还有没擦干的泪水……

> **小思考**
>
> 你认为小文做得对吗?
>
> ....
>
> ....
>
> 你的生活中有没有碰到过类似的事情呢,你是如何处理的呢?
>
> ....
>
> ....

拓展学习

8个小技巧让父母更懂你

我思我悟

你觉得和爸爸妈妈在以后的日子里应该如何相处?

....

....

....

第四节
与老师的相处之道

老师是石,敲出了希望之火;老师是火,点燃了生命之灯;老师是灯,照亮了前进之路;老师是路,指引着我们走向光辉灿烂的明天!

> **读一读**
>
> 宋朝时,岳飞的老师周同的力气很大,可以拉开三百斤的弓箭。周同死后,每到初一、十五,岳飞一定到老师的墓前祭拜,并且痛哭一番。在痛哭后,必定会拿起老师所送的三百斤的弓发出三支箭才回去。可见他这份念念不忘师恩的真情。
>
> **小思考**
>
> 看了以上材料后,你有何感想?
>
> ....
>
> ....
>
> ....

古语云:"一日为师,终身为师。"所以自古以来,老师始终是受人尊敬的。因为一个好的老师不仅帮我们"解惑",而且向我们"传道",老师成为我们生活、学习中不可缺少的人物。与老师和谐相处是学生希望做到的。但是,同学中有许多人对老师避而远之,这又是为什么呢?

一、不喜欢老师的原因

到现在为止你可能接触过很多老师,有的是你喜欢的,有的是你不喜欢的,首先来看一下你为什么不喜欢某位老师:

① 你没有得到老师的重视。(　　)

② 你对某科的学习缺乏兴趣,成绩不好,即使老师没有对你批评、责备,你自认为学习不好,老师不会喜欢自己,于是对老师缺乏感情。(　　)

③ 因为纪律问题或个别错误挨过老师的批评,觉得老师过于严厉。(　　)

④ 老师冤枉过你,事后又没有认真承认自己的失误。(　　)

由于上述某个原因,你不能走近老师,不喜欢老师。想想看,在你的一生中,至少有十二年是和老师共同走过的。如果你每天面对的是你不喜欢的人,那将是何等痛苦,而这种痛苦恰恰只是来自我们自己的观念。让我们试着改变自己的观念,走近老师。

二、改变观念,走近老师

1. 老师为何没有重视我

当问题出现时,多从自己身上找原因:是不是我没有把值得信任的一面展现在老师面前?若是这样,不要泄气,勇敢执着地把自己最好的一面展现给老师。即使是老师主观片面,那也不要紧,多和老师沟通,相信功夫不负有心人,总有一天你会赢得老师的信赖的。

2. 学习成绩不好怎么办

美国心理学家加德纳教授在 1993 年出版的《多元智能》中指出：人在实际生活中所表现出来的智能是多种多样的，这些智能可被区分为七项：语言文字智能、数学逻辑智能、视觉空间智能、身体运动智能、音乐旋律智能、人际关系智能和自我认知智能。从这一理论中我们看到，学习成绩不是衡量能力的唯一标准，老师也不应仅仅把学习成绩作为评价学生的唯一标准。

3. 老师误解自己了怎么办

当老师误解自己时，找老师说明情况，若老师还是固执己见，那你就暂且退让，相信真相总会水落石出。人无完人，老师也会犯错误，宽容理解是与老师和谐相处的重要之道。当然，作为老师也要不断反省自己、完善自己，尊重学生、爱护学生，学做学生的知心朋友。

> **小思考**
>
> 你心目中的好老师是什么样的？你怎样才能和心目中的好老师成为朋友？

> **读一读**
>
> 静静在班级中学习成绩一直名列前茅，这天她听弟弟的同学（弟弟同学的哥哥和静静是同学）说："我哥说你考试时，把纸条放在袖口里。"静静感到很委屈，她相信老师绝对不会相信她考试会作弊，老师会给她主持公道。于是，她和老师说了这件事，老师脱口而出："人家为什么会这样说你？"静静完全没想到老师会这样说，她没有回答老师的问题，深感委屈。多少年过去了，如今静静已经成为人母，但是，她对这件事情却耿耿于怀，她认为当年她的自尊受到了伤害。每年静静都要给她中学、大学的老师打拜年电话，但是这位老师却被排除在外，她知道这对那位老师是不公平的，但几次拿起电话想拨给这位老师，却又放下了，她有一种说不出的感觉。

> **小思考**
>
> 如果你是静静，当听到老师说："人家为什么会这样说你？"你该怎么办？

你该如何让静静排除心理障碍,把问候电话打给老师呢?

三、怎样与老师成为朋友

好的老师可能会成为你的好朋友。要学会和老师做朋友,把老师当作是你的朋友。作为学生,我们应该怎么做呢?

1. 相互尊重

尊重是社会交往的第一张通行证,师生之间亦是如此。

要想和老师交朋友,首先就要学会尊重。只有相互尊重,才有做朋友的基础。相互理解、相互包容、相互欣赏,是师生交往的应有之道,这是建立和谐师生关系的前提条件。

读一读

放学了,两位同学走在路上边走边讨论着:"看看,教你们英语的黄洁今天穿的裙子好漂亮哦。""对哦,我们黄洁一直很靓的。"

站在拐角处的黄洁老师一脸无奈地听着两个学生的对话,不知道是高兴还是……

小思考

你怎样评价这两个学生的议论?

如果你是老师,心里会是什么感觉?

2. 举止守礼

老师和学生,特别是同一个学校的老师和学生,经常会相遇或打交道,相互间的礼仪是不容忽视的事。和老师成为朋友的关键是经常和老师沟通,但学生在和老师的沟通过程中一定要懂礼、行礼,行为举止符合礼仪规范。

(1) 师生相遇,要主动热情地招呼对方

冷漠是交流的天敌,沉默是陌生的代名词;温暖的话语可以拉近心灵距离,灿烂的笑容能够诠释感情真谛。

(2) 与老师交往,应注意小节

小节虽小,意义很大。小节虽然经常体现在谈吐等表面行为上,但它其实是一个人文化、修养和内涵等的反映。如:与老师交往时,态度要端正,不要东张西望、抓头摸耳、抖腿跷脚,目光应正视老师,认真虚心地听老师说话等。

3. 保持良好的沟通

与老师相处要注意保持良好的沟通。要注意听取老师的意见,不要随意反驳老师,要提出建设性的意见,并尊重老师的判断。同时,要学会向老师请教问题,主动寻求帮助,这不仅能够帮助我们更好地学习,还能够增进与老师的交流和相互了解。

4. 以诚相待

诚实待人也是与老师相处的重要原则。要遵守诚实守信的原则,不要撒谎或者隐瞒事实。在与老师的交流中,要真诚地表达自己的想法和意见,不要为了讨好老师而把真实的想法隐藏起来。意识到犯了错误时,要敢于及时、主动地向老师承认自己的错误。在进行作业或考试时,要遵守学校的规定和老师的要求,不能抄袭或作弊。

5. 管理自己的情绪

在与老师相处时,要学会管理自己的情绪,尽量保持冷静和理智。在与老师发生争执时,也要保持耐心,尊重对方的意见,理智地表达自己的看法,并寻求解决问题的方法。同时,控制住自己不要使用过激的语言。

6. 了解老师的期望和要求

这也是与老师相处的重要方面。要了解老师对自己的要求和期望,并尽力去实现这些要求和期望。同时,要谦虚地接受老师的批评和指导,不断提高自己的能力和品德,这实际上是一种"双赢"。

读一读

东汉时代,有一位名叫魏昭的人,当他还在童年求学的时候,遇到郭林宗,心想这是一位难得的好老师,便对人说:"经师容易遇到,人师却是难逢。"所以他就拜郭林宗为老师,而且派奴婢侍奉老师。但是郭林宗体弱多病,有一次他要魏昭亲自煮粥给他吃。当魏昭端着煮好的粥进来的时候,郭林宗便苛责他煮得不好,而魏昭就再煮一次。这样一连三次,到了第四次,当魏昭再次恭恭敬敬端粥进来时,郭林宗才笑着说:"我以前只看到你的外表,今天终于看到你的真心啦!"于是大喜,将毕生所学全部教给了魏昭,而魏昭也终成大器。

四、和老师相处的核心在课堂

遵守课堂纪律是作为学生最基本的礼貌。上课时不遵守纪律是对老师极大的不尊重,也是对其他同学的不尊重。课堂上的每个人都要遵守一定的纪律,这是基本义务,也是基本礼仪。

1. 上课关闭手机是课堂上的基本礼仪

认真学习是一种美德,懂礼仪也是一种美德。在课堂上关掉手机会为你的美德锦上添花。

2. 回答老师问题时,应行之有礼

除了回答问题需要行之有礼,像七嘴八舌、搔首弄姿、滑稽逗笑、随便插话等行为都是课堂禁忌。

3. 迟到是无礼的行为

没有理由的迟到,以推卸责任的借口来开脱都是很无礼的。

4. 着装简朴、大方、得体,是课堂应有的风景

浓艳不是课堂的颜色,讲时髦不是课堂的内容。

5. 课堂不是餐厅

吃喝行为不能进课堂,这是对学生素质的一种检验。

技能训练

(1) 检查一下自己在课堂上有没有不礼貌的行为?并帮你的同桌纠正一下他(她)不对的地方。

....
....
....

(2) 在自己身上检查一下,你有没有做到上述的几点?

....

(3) 除了这些,结合自己的情况,你觉得还要有哪些补充?

(4) 给老师的一封信。(请另附信纸,将内容写在信纸上)

第五节
与同学的相处之道

同学,一个青春的字眼,一段难忘的记忆,在美丽的青春校园里碰撞出绚丽的火花。这略带青涩又无比温暖的同窗之谊将深深地铭刻在我们的脑海里,是我们青春的写照,是我们一生不变的珍藏。

友谊的种子需要浇灌才能开出沁人的鲜花。讲究基本的礼仪规范是增进同学间友谊不可或缺的手段和方法。

一、同学交往的法则

读一读

有一位同学,面对其他同学的虚心请教,经常敷衍了事,结果使得自己的人缘越来越差。一次作文课上,老师叫同学们自愿结成小组,互相交流,结果班里没有人愿意和他结成小组,弄得他很尴尬。最后还是老师把他分到一个组里。

小思考

请你分析这位同学与人交往中所犯的错误。

1. 守信

诚信是一种美德。有人说：诚实是人生的命脉，是一个人价值的体现。因为失信就意味着失败，生命不可能从谎言中开出灿烂的鲜花。

与同学相处，更应守信，不可言而无信。失信是无礼的行为，往往会导致人际关系紧张。诚信是沟通心灵的桥梁。惯于欺骗的人，永远到不了桥的另一端。

诚信，犹如一股清泉，所到之处，谎言与欺骗这些污秽都将无处藏匿，让诚信来净化这个世界的每一个角落吧！

> **小思考**
>
> 你能说出十句关于诚实守信的格言吗？
>
> ....
> ....
> ....

2. 谦虚

谦，德之柄也。与同学相处，要谦虚随和。谦虚是智慧的本源，是生命的完满，是聪睿的体现，是精华的蕴藉。摆架子、自以为是、趾高气扬、卖弄自己，是无知、幼稚和肤浅的表现，也是同学交往中的大忌。

> 九牛一毫莫自夸，
> 骄傲自满必翻车。
> 历览古今多少事，
> 成由谦逊败由奢。
> ——陈毅

> **读一读**
>
> 春秋时期，孔子和他的学生们周游列国，宣传他们的政治主张。一天，他们驾车去晋国。一个孩子在路当中堆碎石瓦片玩，挡住了他们的去路。孔子说："你不该在路当中玩，挡住我们的车！"孩子指着地上说："老人家，您看这是什么？"孔子一看，是用碎石瓦片摆的一座城。孩子又说："您说，应该是城给车让路还是车给城让路呢？"孔子被问住了。孔子觉得这孩子很懂得礼貌，便问："你叫什么？几岁啦？"孩子说："我叫项橐，7岁！"孔子对学生们说："项橐7岁懂礼，他可以做我的老师啊！"

3. 宽容

宽容，是一种美德，一份力量，一点关照，一丝温暖。宽容是在荆棘丛中长出来的谷粒。要知道，土地宽容了种子，才拥有了收获；大海宽容了江河，才拥有了浩瀚；天空宽容了云霞，才拥有了神采；人生宽容了遗憾，才拥有了未来；我们宽容了他人，才拥有了友情。与同学相处,要有一颗宽容的心,要明白"海纳百川,有容乃大"的道理。

4. 团结友爱

团结友爱,是中华民族历史文化中重要的伦理规范,是皇皇华夏繁衍不息、繁荣昌盛、稳定统一的固有精神力量和伦理道德基石,也应是今天中国人的基本行为准则。

"爱人者,人恒爱之;敬人者,人恒敬之","团结就是力量"……这些耳熟能详的格言警句在告诉我们这样一个真理:建立在友爱基础上的团结是世界上最伟大的力量;建立在团结基础上的友爱是人世间最珍贵的情感。

读一读

社会主义荣辱观

以热爱祖国为荣、以危害祖国为耻　　以服务人民为荣、以背离人民为耻
以崇尚科学为荣、以愚昧无知为耻　　以辛勤劳动为荣、以好逸恶劳为耻
以团结互助为荣、以损人利己为耻　　以诚实守信为荣、以见利忘义为耻
以遵纪守法为荣、以违法乱纪为耻　　以艰苦奋斗为荣、以骄奢淫逸为耻

5. 相互尊重

> "喔唷,你不知道呀,新来的那个女同学长得那么难看,还爱发脾气。"

小思考

假如你是那位新来的女同学,听到这些话,你的感受怎么样?

....
....
....

被人尊重是每个人本能的愿望与需求。每个人都希望获得他人尊重。相互尊重是和谐社会的基本特征之一。正如惠特曼所说:"不尊重他人,就是一种对自己的不尊重。"因为尊重他人就是尊重自己。

首先要尊重他人的人格。讥笑、辱骂、起绰号,不仅会伤害同学的自尊心,还侮辱了同学的人格,是很不礼貌、很不道德的行为。其次要尊重他人的生活习惯,每位同学的生活习惯是自幼养成的,是受家庭的教育和周围环境潜移默化的结果。尊重别人的生活习惯就是对他人人格的尊重。

读一读

晓斌是班里最胖的男生,人送外号"胖子"。他不愿意别人这样称呼自己,可是没办法啊,谁叫自己确实是胖呢!上体育课的时候,晓斌最苦恼了,别人都能很快地完成老师所教的动作,他却要重复好多遍。有一次,老师教同学们双杠,晓斌怎么也坐不到杠上,弄得他很难为情。这时,同桌王好戏谑地说:"胖子,你怎么搞的,老是给我们拖后腿!"晓斌有点急了,在杠上摆了两下,身体还没有被抬高,手就撑不住了,他"哎哟"一声,重重地摔在地上。同学们忍不住笑出声来。王好又大声地说:"我的妈呀,怎么地震了!大家要小心啊!"他的话一出口,同学们笑得前仰后合。晓斌红着脸,拍了拍身上的尘土,站了起来,说:"有什么好笑的,无聊!"

小思考

王好这样做对吗?如果你是王好你会怎么做?

....
....
....

二、同学交往的禁忌

1. 人格不平等

平等是现代社会的核心价值观之一。在人际交往中,承认彼此的人格平等是沟通的前提。同学之间在人格上是平等的,应该彼此尊重。自傲或自卑都可能使我们与其他同学之间人为地拉大距离,影响同学关系的正常发展。

2. 不正当攀比

同学交往,免不了相互比较,关键看比什么,是志气、信心,还是虚荣?如果是比思想进步、学习进步,这无可厚非,值得提倡;但如果是比物质、比表象,就不可取了。盲目攀比往往是虚荣、自卑,甚至是懦弱的表现。一个追求真善美的人是不会通过攀比来炫耀自己而获得虚名的。

3. 说长道短

同学间相处要光明磊落、谨言慎行。在背地里说长道短甚至挑拨是非,是同学间最忌讳的事情。

4. 恶语伤人

要自觉培养尊重别人的习惯,讲话应温文尔雅,讲究语言美,不要自以为是、出言不逊、恶语伤人。

三、正确处理异性同学间的交往

在青春洋溢的年岁,两性风貌多姿多彩,两性交往自然而活跃。对异性接触的敏感,证明你是一个正常经历着青春期的男孩或女孩,值得庆贺,值得欣慰,但要正确认识异性同学之间的交往,理智地把握好自己的情感。虽然青春的情感最真诚,最纯洁,也最感人,但青春的情感不能放任自流,要多约束。

1. 异性同学间正常交往的益处

提高对自我评价能力。青春期学生往往会留心异性同学的一举一动,喜欢对异性同学品头论足,同时男女同学都很重视异性对自己的评价,因而在交往中能注意仪表仪容,语言文明,表现温文尔雅,彬彬有礼,体现出一种正向效应。

异性同学间的正常交往,不但能让你获得一定的社交经验,提高了宽容和理解能力,懂得了尊重、关心、帮助异性同学,产生了心理上的稳定感和对学校的归属感,使集体更加团结,而且可以使性冲动自然地得到疏导和宣泄,在一定程度上缓解和减轻性紧张和心理压力,使男女同学在心理、智力、能力等方面的优势得到交流和发展,有利身心健康。

2. 异性同学交往中需要注意的方面

我们倡导的正常异性交往是公开的、大众的,而不是隐秘的、专属的。在交往中同学间应该胸怀坦荡,相信和尊重自己,同时又尊重对方,把握好交往的分寸,这种交往才能受益终身。

我们应该做自己情感的主人。青春期个人的生理趋向成熟,对异性感兴趣也无可厚非,但这个时期的思想、心理、智力、能力却还未达到成熟,如果放任自己的情感泛滥,克制不了情绪冲动,那就很可能贻误自己的青春年华,荒废学业、作茧自缚,甚至付出沉重的代价。

只有能驾驭自己感情的人,懂得克制暂时的冲动,以平静、坦然的态度对待异性,自然而又不失分寸地与异性交往,同时更专注于自己的学业,遨游于知识的海洋,今后的人生才能结出丰硕的果实,收获属于自己的财富。故而能约束自己的人,才是有力量的人;才是有情有义、有爱心,同时也有毅力、有理智的人,才是一个完美的人。

异性同学之间应以恰当的方式正常交往,在交往过程中应把握好分寸,应该注意以下几点:

(1) 端正心态,落落大方

大家应以平常的心态,对待男女同学之间的交往,做到诚恳、自然、落落大方、心地坦然、光明磊落,不要羞羞答答,忸忸怩怩,更不要神神秘秘,甚至鬼鬼祟祟,以免造成误会。

(2) 相互信任,尊重对方

马克思说过:"你希望别人怎样对待自己,你就应该怎样对待别人。"异性同学交往时应彼此尊重对方的人格和尊严,不说有损对方人格尊严的话,不做有损对方人格尊严的事;尊重对方的意愿,不强人所难;尊重对方和自己的性别差异,不强迫对方为适应自己,即改变某些性格、爱好、个性等，而应彼此适应对方，取长补短，相互促进，共同进步。

（3）学会自爱，维护自尊

异性同学交往时都要学会自重自爱，爱护自己的尊严和名誉，珍惜自己的人品和人格，不说有损自己人格和尊严的话，不做有损自己人格和尊严的事，同时更应该学会自我保护，使自己的人身权利不被侵犯，使自己的人格尊严不被侵害，塑造一个完美高尚的自我。

（4）广泛交往，融洽相处

与异性之间的交往范围要相对广泛，不要只和某一位异性同学交往，也不要只是男女生各一人成为朋友，而应该和更多的人建立友情。

（5）把握情感，防止早恋

中国著名教育家陶行知曾说："每个人，无论男女，到了一定年龄，是要谈恋爱，要过家庭生活。但是如树上的果子，是熟的好吃，还是生的好吃？人也像果子，要长得成熟，有了学问，会做工作，又有养活子女的能力，就好比果子熟了，那时就可以得到真正幸福了，否则要是书没有读好，工作能力没有培养好，就谈恋爱，会有好处吗？"答案显而易见。

技能训练

由班长带头，为班级同学设立一个"心灵公约"，在班中的墙报上展示，来相互团结班级中的每个同学。

我思我悟

我觉得同学间应该 ....

男女同学间该 ....

如何让自己更受欢迎？

....

....

本章回顾

学完本章，你应该认识到：

1. 只有正确认识自我，了解自身弱点与优势，才能在人际交往中充分发挥自身优势。

2. 只有得体地展现自我，才能给别人留下好的印象，为你的人际交往开启一扇门。

3. 父母是我们挚爱的亲人，但是，与父母相处也需要讲究礼仪，这样，家庭才会有温暖和谐的氛围。

4. 老师是我们的良师益友，改变观念、尊重、理解、宽容是师生和谐相处之道。

5. 同学间的友谊是我们一生的财富，建立并维护同学的友谊需要沟通技巧和礼仪规范。

本章练习

一、填空题

1. 自我介绍的形式有应酬式、_____、交流式、_____。
2. 与父母沟通时应注意的技巧：①_____；②敞开心扉，注意技巧。
3. 代沟就是不同年龄层次的人因思想观念上的差距造成的_____。
4. 和老师相处的核心在_____。
5. 与同学交往的法则：守信、_____、_____、团结友爱、_____。
6. 同学交往的禁忌：人格不平等、_____、说长道短、_____。

二、选择题

1. 法国著名思想家卢梭曾指出："'你要认识你自己'，比伦理学家们的一切巨著更为重要，更为深刻。"这是因为正确认识自己：(　　)。
   ① 能够使我们有足够去面对困难的力量；
   ② 可以促进与他人的交往；
   ③ 能彻底解答"我们从哪里来，到哪里去"的问题；
   ④ 能够更好地理解他人、善待他人。
   A．①②③　　　　　　　　　　B．①②④
   C．①③④　　　　　　　　　　D．②③④

2. 我们对于别人评价应有的态度是(　　)。
   A．别人怎么说就怎么做
   B．走自己的路，让别人说去吧
   C．对别人的意见完全接纳
   D．重视他人的态度和评价，冷静地分析。既不盲从，也不能忽视

3. 自我介绍时应(　　)。
   A．注意在适当的时间进行　　　　B．讲究态度
   C．追求真实　　　　　　　　　　D．过分谦虚,讨好他人

三、思考题

研究生毕业的小刘很健谈,口才甚佳,对自我介绍,他自认为不在话下,所以他从来不准备,看什么人说什么话。有一次,在应聘本地一家大型房地产公司的地产策划过程中,在面试官要求他做一下自我介绍时,他却大谈起了房地产行业的走向,由于跑题太远,面试官不得不打断了他的话。

思考:小刘的自我介绍问题出在哪里?

四、测一测

看看你和同学间的关系如何。

(1) 你最近一次和同学交朋友,是因为(　　)。
   A．你认为不得不结交
   B．他们喜欢你
   C．你发现这些朋友令人高兴、愉快

(2) 当你度假时,你常常(　　)。
   A．希望交到朋友,可是往往很难做到
   B．喜欢独自一个人消磨时间
   C．通常很容易就交到了朋友

(3) 你已经定下和几个以前同学的约会,可是你却因为繁多的作业而疲惫不堪,无法赴约,这时你决定(　　)。
   A．不赴约了,希望对方会谅解你
   B．去赴约,但问对方如果你早些回家的话,他们是否会介意
   C．去赴约,并且尽量显得高兴

(4) 一个同学向你吐露了一件极有趣的个人问题,你常常(　　)。
   A．连考虑都没考虑,就把这件事告诉了别人
   B．根据情况决定是否要告诉别人
   C．为同学保密,不把这件事再告诉别人

(5) 当你的同学有困难时,你发现(　　)。
   A．他们不愿意来麻烦你
   B．只有与你关系密切的少数朋友才来向你求助
   C．他们愿意来找你请求帮助

(6) 对于同学的优缺点,你的处理方法是(　　)。

　　　　A．我相信真诚,所以对于我看不惯的缺点,我不得不指出

　　　　B．我喜欢赞扬别人的优点,缺点则尽量回避

　　　　C．我既不吹捧奉承,也不会苛责他们

(7) 在你选择朋友时,你发现(　　)。

　　　　A．你只能同与你趣味相投的人友好相处

　　　　B．兴趣、爱好不相同的人偶尔也能谈谈

　　　　C．一般说来你几乎能和任何人合得来

(8) 对于同学们的恶作剧,你会(　　)。

　　　　A．感到生气并发怒

　　　　B．看你的心情和环境如何,也许和他们一起大笑,也许生气并发怒

　　　　C．和他们一起大笑

(9) 对于同学间的矛盾,你喜欢(　　)。

　　　　A．打听、传播　　　B．不介入　　　C．设法缓和

(10) 每天上学以后,对于扫地、打开水一类的琐事,你的态度是(　　)。

　　　　A．想不到做　　　B．轮流做　　　C．主动做

　　对于每道题,答 A 得 1 分,答 B 得 2 分,答 C 得 3 分。算算你自己的总分,看看你和同学的关系到底怎么样?

　　分数为 15 分以下:说明你是一个不大合群的人,如果你确实想把自己的人际关系搞得好一点,你就需要改善一下你同周围同学的关系了。

　　分数为 15~25 分:说明你和同学的关系还算可以,但还需要做适当的调整。

　　分数为 25 分以上:说明你的人缘很好。

第六章
应对自如，驰骋职场

本章引言

有一句歌词这样唱："外面的世界很精彩……"对刚踏出校门的学生来说，很多人对自己的未来充满信心，立志闯出一片属于自己的天空。但我们所从事的工作，仅靠个人的力量是无法独立完成的。要学会和别人愉快相处，具备良好的团体协作精神，才能事半功倍，在日趋激烈的职场中站稳脚跟。如何在职场中挥洒自如，除了必须拥有应对职业挑战的学识、满怀工作激情外，还要具备一些基本的与人相处的技巧，才能充分发挥自身的聪明才智，驰骋职场。

知识目标

1. 了解面试时合适的穿着和礼仪；
2. 掌握求职简历的写作技巧和面试技巧；
3. 知道作为一名职场人士在工作场合应该注意的问题。

能力目标

能在职场中熟练运用相关沟通技巧及职场礼仪，规范自身行为。

情感目标

1. 正确对待职场人际交往，学会尊重、宽容、平等待人，营造良好的人际空间；
2. 具备良好的团体协作精神。

思维导图

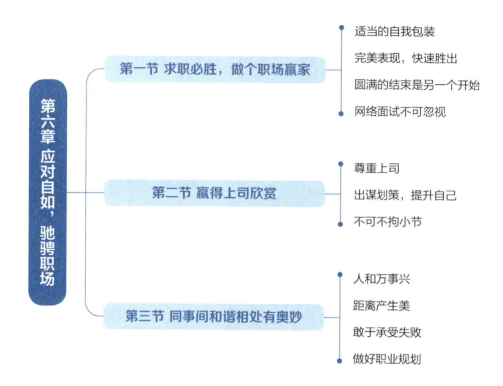

第一节
求职必胜,做个职场赢家

告别校园,步入社会,意味着你即将展开人生新的篇章。但面对生平第一次的求职与面试还是免不了心慌意乱。这时在面试前对自己进行一番包装就显得格外重要了。这里的包装不仅是指外表、衣着、举止、精神状态等,还包括你的简历,借助这些包装可以助你达到目的,能让你在面试时信心倍增,给人留下美好的第一印象。

一、适当的自我包装

读一读

小王刚刚从学校毕业,英俊潇洒,在校成绩非常好,在生活中喜欢标新立异,戴项链、穿耳洞,对时尚的敏感度可以和明星相媲美。这日接到某知名企业的面试通知,小王非常高兴。他特地让父母陪他买了一套名牌西装和皮鞋准备面试。面试当天他兴冲冲地来到公司的面试会场,和主考官侃侃而谈,对答如流,小王不由得心中窃喜:"没问题,肯定录取!"没想到,主考官此时话锋却一转:"你的西装是××牌子的吧,很贵,你很有实力喔。"小王如实相告。"你的耳钉很漂亮么!今年是不是很流行啊?"小王伸手去摸,暗想:"糟了,忘记拿下了。"

小思考

你觉得小王面试前缺少哪些准备?如果他没有被录取,原因在哪里?

1. 得体装扮巧沟通

得体的装扮一方面表示你对别人的尊重,另一方面也可体现你良好的礼仪素养。它充分展现了你的非语言沟通能力。首先从衣着上来说,着装应力求简洁大方,无论你穿什么,都必须充分体现你的自信。

（1）根据所从事的行业来决定面试穿着

在比较传统的行业（如：金融机构、政府部门、国际贸易、保险等），男生应穿着西装，女生穿着以裙装为主的套装，颜色以中性为主，避免夸张、刺眼的颜色，能将你的敬业感充分衬托出来就可以了。而诸如广告、设计、出版、广播、艺廊等行业，面试时的穿着以干净利落为原则，可以尽量突出个人特色，彰显你的天分与品位。着装的好与坏通常能左右你的自信心，不一定非要穿名牌，但一定要干净、整洁。企业真正看重的还是你的内在素养。

（2）饰物代表个人的品位与个性，切忌弄巧成拙

对于刚毕业的社会新人来说饰物要少而精，你的朝气与自信是最好的佩饰。现在有很多男生喜欢戴饰品，但不管它有多么漂亮，也不管你多么喜欢它，上班时最好不要戴在身上，避免弄巧成拙。

（3）细节决定成败

我们千万不要小看细节，它往往会让你功亏一篑。在面试时，我们尤其要注意：无论男女，干净、整洁都是最基本的要求。发型不要过于时髦或随便，男生特别要注意修整鬓角、胡子。指甲要修剪平整、干净。女生可化一个淡淡的妆容，切忌浓妆艳抹。如果你不会化妆，那只要涂上一点口红或唇彩，就能让你容光焕发、精神百倍了。另外面试时只带一个手提包或公文包，把物品有条理地收好。如果手里又提又拿许多东西，容易给人凌乱、急躁的感觉。试想一个连自己的东西都整理不好的人，又怎能将公事处理得井井有条呢？

读一读

王静毕业于某职业学校，想谋求一个出纳岗位，在求职简历中她这样写"担任学生会××部部长，组织过多次大型活动，有着良好的组织和协调能力。本人性格开朗，友善大方，善于合作。"

小思考

你认为这份简历的这些内容是否可以完善得更好？

....
....
....

2. 精彩简历话沟通

在应聘过程中，还需要比着装更为重要的自我包装——简历，一份良好的求职简历对于应聘是否成功极其重要。在简历中通过你的自我介绍，能展示你良好的书面语言沟通能力，让招聘单位对你"一见倾心、再见欢心"。其中包括得体的自我介绍，也应包含你对职业的追求和人生的信念。

千万不要小看简历的作用,它显示了你对应聘职业的态度和人生理念,字里行间体现着一个应聘者的文采和信念,通过你的文笔在和招聘者进行沟通。那如何实现良好的沟通呢?

(1) **突出"简"**

招聘人员面对成百上千份的求职简历时,不可能都一一仔细地进行阅读,所以简历的内容应简洁明了,一般以 500 字左右为宜,不要超过一页纸,更要避免错字、别字。

(2) **突出"经历"**

用人单位最关心的是应聘者的经历,以此了解应聘者的经验、能力和发展潜力。因此,在写简历的时候,不要把很久以前的学习经历再一一罗列,可以突出曾经任职过的重要机构,也可以针对应聘岗位把相关经历写得详细些,并突出自己的能力。值得注意的是,经历既不能遗漏又必须真实,否则会引起用人单位的不信任。

读一读

小张是会计专业的毕业生,在去一家银行面试的简历中,他写下了曾发表过一篇关于"电子货币的发展与货币政策的有效性"的文章,希望这篇学术论文能在他所应聘的职位中起到作用。但在面试中,主考官问起他对于"电子货币发展"的观点时,小张却结结巴巴,说不出个所以然……

小思考

如果你是主考官,你会录用小张吗?为什么?

....
....
....

对于应届毕业生来说,你的职业经历就是你在学校期间的企业实践,要把企业实践中你的成长和能为企业带来的价值在简历中简明扼要地描述出来。

(3) **突出所应聘职位的信息**

招聘经理只会对与应聘者职位相关的信息感兴趣。简历中自己的信息应尽量数据化、客观化,并减少主观描述。王静的简历就存在主观描述多、客观数据少的问题。

技能训练

把班级分成四个组,每个组成立一个虚拟公司,分别由同学担任主考官、面试官、经理等职务,其余的人作为应聘者,来模拟公司应聘,要求写一份简历并做自我介绍。由虚拟公司的人员现场进行筛选,在每组中各选出最好的一名,说出他们好的原因。

职场如战场,只有知己知彼,才能过关斩将、脱颖而出。适度的自我包装,是你与用人单位的一种非语言沟通。年轻人有着肯学敢拼的特质,但如何在短时间内让招聘经理对你产生兴趣,才是你制胜的关键。尤其在面试时,通常在最初的三四分钟里,从你的衣着、举止、谈吐来看,面试官就会对你有一个先入为主的印象,这个印象往往决定你面试的成功与否。

技能训练

把班级分成四个组,每个组成立一个虚拟公司,分别由同学担任主考官、面试官、经理等职务,其余的人作为应聘者,来模拟公司应聘,要求写一份简历并做自我介绍。由虚拟公司的人员现场进行筛选,在每组中各选出最好的一名,说出他们好的原因。

二、完美表现,快速胜出

在招聘现场,不要认为考官会保持好心情,能静下心来听你喋喋不休地讲个没完。职场资深人士指出,实际上从你一踏入大门的三分钟时间,主考官就决定了是否要录用你,余下的几分钟完全是安慰性质的敷衍,因此,面试时我们要抓住最初的三分钟。

读一读

小王是某职校会计专业的毕业生,后进入中升本的某高校。毕业后在一次某审计师事务所招聘审计人员的招聘会上,他抱着试试看的心理早早来到招聘现场,结果发现现场人很多,手里都拿着简历等着面试。当面试单位面试官来到现场时,面试者蜂拥而上,现场有些混乱。这时小王面带笑容和颜悦色地主动出来维持秩序,安排面试者有序排队,叮嘱面试者安静不要大声说话。轮到他面试时,他彬彬有礼向面试官问好,面试过程始终淡定自若,并坦承自己只在中职学段学的是会计专业,到本科就换了专业,但是他自己正在自学审计师资格考试的内容。最后他仍然被这家审计事务所录取了。

小思考

小王被录取的原因有哪些?

....
....
....

1. 微笑是自信的第一步

刚出校门,可能羞涩,可能稚嫩,却不能邋遢,更不能拉着一张"欠债还钱"的脸参加面试。保持面部微笑,能为你缓解紧张情绪,消除与面试官的隔阂,充分展示你的涵养和风采。留给人家最佳印象,才能争取到工作机会。

技能训练

> 拿出一面镜子,对着镜子展示你认为最美丽的笑容。请身边的同学为你的微笑打分。

2. 坦然自若,落落大方

有的应聘者在面试时探头探脑、扭捏不安,在门边久久徘徊,这些举动都会给用人单位留下不自信的印象。对于刚出校门的学生来说,最关键的不一定是英文和专业能力,而是在面试时能够应对自如、不卑不亢,充分展露自己的自信。因此在面试时,要做好充分的准备,尽量表现自己的长处,力求让用人单位了解你。

3. 彬彬有礼,显示你良好的教养

有位资深的面试主考官说过:"我们很注意观察应聘者的行为举止。当应聘者来到房间后,我会注意观察他是否等我请他坐下时再坐。"在面试时,我们千万要留意自己的行为举止,不要一落座就全身陷在沙发中,或懒散地靠在椅子上,或因为紧张而双脚不停地抖动,这都会给人一种不稳重的感觉。端正坐姿,上半身自然前倾,会让人觉得你聚精会神,进而给人留下做事认真、积极的印象。

4. 不骄不躁,调整好面试心态

企业需要员工在面临很多棘手任务及工作压力时,能冷静思考,稳定心态,积极自我调整面对压力。很多面试者都有紧张、焦虑的心态,尤其当面试人多时,担心自己无法被看到是众多面试者常有的心态,这些心态都会在你的肢体语言中体现出来。这时情绪稳定者,尤其是能顾全大局者更容易脱颖而出。上述案例中,小王积极维持面试现场的秩序是被录取的主要原因之一。

读一读

> 有两位学生同时去某公司应聘。那天正下着雨,主考官帮接过雨伞,佳佳说了声"谢谢"。莉莉低着头,不声不响地走了进去。主考官又特地倒了两杯茶递给她们,佳佳很有礼貌地道谢并双手接过,莉莉又是一声不响。落座后,佳佳微笑着双手把自己的简历递上。当主考官问莉莉要简历时,她非常紧张,在包里抽出简历随手交给了主考官。临走,主考官递过伞,莉莉甚至忘了说声谢谢……

> **小思考**
>
> 假如你是主考官,你会选择谁,为什么?你注意到她们举止的差异了吗?
>
> ....
> ....
> ....

5. 注重你的语言表达能力

即使一些面试官已经看过你的简历,还是会要求你再当场介绍一下自己的基本情况,面试官的本意是测试一下你的现场语言表达能力。此时,应该适当放慢自己的语速,把你想表达的内容清晰地说出来。一旦紧张,就容易造成说话结结巴巴或越说越快。此时,如果把语速放慢,紧张的情绪也能得以缓解。当与对方的谈话出现间隔时,不要急不可耐往下说,给自己留一点思考的空间,及时理清头绪,让对方感觉你是一个逻辑思路清晰、表达能力较强的人。这种能力更多来自平时的训练。

> **读一读**
>
> 王明来某大型物流公司应聘,为了能比较有把握,事先做了充分准备。面对面试官他从容不迫、非常自信地侃侃而谈。可是这位面试官下午正好有个会,本来以为王明很快就会结束,没想到他说个不停,出于礼貌面试官不能打断他,于是就不停看时间给王明暗示,可是王明还是自顾自地讲不停,没办法面试官最后只能板起脸告诉王明:"你先回去等通知吧。"

> **小思考**
>
> 为什么面试官会生气,王明做错了什么?
>
> ....
> ....
> ....

6. 留意面试官的肢体语言

在面试时,你和面试官侃侃而谈,气氛非常融洽,似乎一切尽在掌握。那你有没有注意面试官那频频变换的坐姿呢?经验告诉我们:在面试时,我们也要留意面试官的肢体语言。面试者要注意和面试官眼神的交流,这不仅是相互尊重的需要,也可以更好地获取一些信息。但眼神的交流不是盯着看,而是与他们的眼睛"交谈"、与他们的动作达成默契。如果你回答问题的时间远远超出面试官的预期,这会令面试官感觉非常疲劳,进而产生负面的影响。

三、圆满的结束是另一个开始

许多求职者只留意应聘面试时的礼仪,而忽略了应聘的善后工作,而这些步骤也能加深别人对你的印象。面试结束并不意味着求职过程的结束,也不意味着求职者就可以袖手以待聘用通知的到来,还有些事你必须去做。

1. 真诚地表达你的感谢

为了加深招聘人员对你的印象,增加求职成功的可能性,面试后两三天内,你最好给招聘人员打个电话或写封 E-mail 表示谢意。电话要简短,最好不要超过 5 分钟;感谢信也要简洁,最好不超过一页。表达谢意时应提及你的姓名及简单情况,然后提及面试日期,并对招聘人员表示感谢;重申你对该公司、该职位的兴趣,尽量修正你可能留给招聘人员的不良印象;最后表示你有信心为公司的发展做出贡献,并主动提供更多的材料。面试后表示感谢是十分重要的,因为这不仅是礼貌之举,也会使面试官在做决定时对你有更深的印象,说不定会使对方改变初衷。

2. 调整心情

我们每个人都会经历从"学生族"到"职业族"的身份转换,而学生不管是在经验上还是处理事情的能力上,确实和有工作经验的人存在着一定差距,如果面试官要求比较苛刻,不要气馁,一定要调整好自己的心情,全身心投入下一家的面试准备。在没有收到录用通知之前,都不算成功,还需要你努力,但也不应放弃其他机会。

3. 耐心等候

在一般情况下,面试结束后,招聘经理要进行讨论,然后送人事部门汇总,最后确定录用人选,可能需要几天时间。求职者在这段时间内一定要耐心等候消息,不要过早打听面试结果。但如果在面试两周后或在面试官许诺的通知时间已过,却还没有收到对方的答复时,就应该打电话给招聘单位,询问是否已经有了结果。

4. 总结经验再次冲刺

应聘中不可能个个都是成功者,万一你在竞争中失败了,也不要气馁。这一次失败了,还有下一次,关键是必须从中总结经验教训,找出失败的原因,并针对这些不足重新做准备,期待下一次的成功。

四、网络面试不可忽视

小王参加一家外贸公司的面试,因面试官人在海外,公司临时决定采用视频面试的方式进行面试。面试前小王一直用心准备,了解公司的情况,梳理面试官可能会问到的问题,查看该公司人事发给自己的面试流程。他看到对方发了面试专用平台软件,虽然及时安装了,但以为跟自己平时用的即时聊天软件差不多就没有多加注意。谁知到面试时,操作总是不太顺,软件声音很小,也不知道要怎么调,主考官问的问题也没有听清楚,以至于答非所问,最终没有应聘成功。

> **小思考**
>
> 小王准备得那么充分,为何应聘没有成功呢?
>
> ....
> ....
> ....

随着互联网和通信科技的发展,一些企业在进行招聘面试时,为了提高效率,通常也会采用网络面试的方式,即双方通过网络通信设备进行面试的一种方式。线下面试需要注意的内容,同样适用网络面试,但是基于网络面试自身的特殊性,求职者在面试前还需注意以下几点:

1. 熟练掌握网络面试的操作流程

在网络面试开始前,求职者要根据面试方的要求,充分学习面试所用平台的操作方法,熟悉网络面试的相关流程,提前调试好软硬件运行情况及网络状况,并进行模拟演练,以保证面试过程的顺利。

2. 选择适宜的面试环境

网络面试对环境的要求比较高,求职者应提前选择一个相对安静、光线较好、干净整洁的环境,避免受外界的干扰,既能体现对面试的严肃性,又利于面试的顺利进行。

3. 谈吐要礼貌,举止要得体

由于网络面试更多地是通过语音、视频来展示自己,同样需要注意举止谈吐。面试过程中要面带微笑,声音洪亮,表达清晰;目光要直视摄像头,表情镇定、自然。如果出现问题没有听清或者视频突然断掉的情况,要非常有礼貌地解释清楚。线下面试完成后可以握手道别,而网络面试虽然无法握手,但可以用语言或肢体语言表达感谢,显示出自己对对方的尊重,展示自己职业化的一面。

> **我思我悟**
>
> 我的收获与感悟:
>
> ....
> ....
> ....

画龙点睛

得体的装扮、扎实的专业技能、自信的态度、必要的礼节、注重细节都是面试成功的必备武器。

技能训练

海晶科技有限公司是一家中外合资企业,从事网站建设、软件开发等业务,因业务发展需要,现在诚聘:软件开发人员、文员等若干名。

(1) 请你根据公司情况,针对你拟聘的岗位写一份简历。

(2) 在面试时,常会听到这样的提问,你会怎么回答呢?

① 你在学校期间,从事过哪些社会工作?

....
....

② 你所学的专业课有多少门?你认为这些课对将来的工作有什么帮助吗?

....
....

③ 以你的专业来看,你似乎不适合这项工作,你认为呢?

....
....

④ 你为何想在这里工作?

....
....

⑤ 你有什么问题要问吗?

....
....

(3) 根据面试结果,请你写一封感谢信。(请另附信纸)

第二节
赢得上司欣赏

当你跨过求职应聘关后,千万不要以为你已经能够应对自如地驰骋职场了,因为真正的职场考验才刚刚开始。你必须在试用期内很快适应你所在的职业环境,要让上司看到你的适应能力、主观能动性和团队协作精神,同时要充分表现出你谦虚努力、认真好学的务实态度。

戴尔·卡耐基曾经说过:"一个人事业上的成功,只有15%是由于他的专业技术,另外85%要靠人际关系、处世技巧。"这并不是说要放弃或放松专业技能的学习,只是强调人际沟通在每个人事业成功中的重要作用。与上司保持良好的人际关系,既是你正确理解上司所布置工作要求的需要,也是让领导关注自己实力的必要途径。

上司是办公室里的核心人物。如果你是办公室里普通一员,跟上司的关系处理不好,将会影响到你的情绪、表现,甚至前途等。那么,怎样才能与上司保持良好的关系呢?

一、尊重上司

读一读

小王刚毕业就在某化工公司任财务一职。他工作很认真,但对老板却横看竖看都不顺眼,甚至还毫不谦虚地认为:学化学出身的老板在财务方面肯定不如自己,公司的进账出账、财务报表等,非得靠他才行。每次听到老板提出的有关财务的"愚蠢"问题时,小王总在心里哀叹:如果我是老板,公司一定会更好。但工作了一段时间后,小王才察觉出自己当初的愚蠢。

小思考

你们认为小王原来的想法正确吗?他错在哪里?

我们应该知道,职场中比拼的是综合素质,或许上司在很多方面不如你,但只要他在其任职的领域有专长就可以了。他要抓的是全局,不必做到样样精通。每个人的精力、时间有限,即使在同一个部门,也不可能完全熟悉每一个流程和环节。再说,上司能够取得比你高的职位,自然有其理由。尺有所短,寸有所长,或许他有自己的一技之长,或许他的综合素质胜你一筹,或许他经验阅历、人际关系比你丰富。因此要学会尊重上司,无论上司水平的高低,都应尊重上司,这是最起码的职业素质和道德。

1. 虚心求教,不冲撞上司

作为一个好的下属,不冲撞上司是最起码的;在上司出错时,不要当面去纠正,而应该以虚心求教的方式与上司沟通,这是你适应所处环境的重要途径,也是与上司沟通的最好方式。这样的处事作风会给你带来许多工作的便利,也能帮助你在职场快速成长。

上司理亏时,要懂得给其"留个台阶下";一时受了委屈也不可到处声张,因为声张也是冲撞的一种表现。在很多时候由于职位不同,对客观事物的认知不同,处理方式也不尽相同,有时未必是上司理亏,要学会换位思考。

2. 了解上司的期望和工作风格

通常,对于每个上司来说,他们的期望和工作风格都不尽相同。了解上司的期望和工作风格,可以帮助你更好地理解上司的工作方式,从而更好地与上司相处。要了解上司的喜好和忌讳;要与上司保持一定的距离,但要让他了解你是值得信赖的。

如有些上司喜欢白纸黑字的书面报告,你就先写报告,再同他交流;有些上司喜欢简短的口头报告,那么当面汇报、事后提交备忘录会是比较好的方式;有些上司要求下属自己做出决定来完成任务,你就大事汇报、小事自断;而有些上司却要求下属定时向他报告,选择随时与他互动才是聪明的做法。了解了上司的工作作风,以他喜欢的方式去完成工作,不要逞强,工作起来才会得心应手,少走弯路。

3. 熟悉工作程序

要想上司对你另眼相看,不是靠一朝一夕之功,除了工作尽责外最重要的是还要学会正确执行每一项工作程序。

> **读一读**
>
> 有家杂志社给某人做专访,出刊后先送了一本给他。因为内容写得相当好,图片和编排也很讲究,作者想送几本给朋友,就打电话给杂志社主编,请她多给两本。当时主编不在,是一位编辑接的,编辑爽快地答应了。可是,不久之后作者就接到主编的电话:"对不起!您来电话的时候我不在,杂志收到了吧?我特别多送了两本,一共三本。"停了一下,她又说:"可是,对不起啊!我想知道是我们公司的哪位编辑,说您可以立刻派人过来拿。"作者愣了一下,说:"有问题吗?""当然没问题,您要十本都没问题,这只是我

对员工工作伦理的一种考核。"作者没有告诉主编是谁,但她还是查了出来,并对该名员工做了处分。

> **小思考**
>
> 那位主编为何如此计较?
> ....
> ....
> ....

不懂得工作伦理,也就是工作程序,在不该说话的时候说话、不该做主的时候做主,是社会新人常犯的毛病。你必须知道,无论你帮老板管了多少事情,也无论老板多糊涂,甚至有些依赖你,但他毕竟还是你的老板,就应该让他做主。

二、出谋划策,提升自己

如果你是一名新进员工,就要尽快熟悉公司的一切,努力了解公司的工作目标、组织结构、企业文化等,目的是表示你愿意融入这个群体,而不是成为一个匆匆过客。此外,你还要了解公司的经营方针和工作作风。当你对公司的全局有了认识后,你会对自己的工作方向作出调整,也有助于你日后的发展。

> **小思考**
>
> 假如你是个刚进公司的新人,要想尽快了解公司,你认为最快、最有效的方法是什么?
> ....
> ....
> ....

1. 做事积极主动

做事积极主动是一个员工的基本素质之一。上司给自己分配任务时,如果能够接到工作就立刻动手,并能准确及时完成的话,那自然是皆大欢喜。但世事难料,总会遇到一些意外情况的发生,此时我们不能消极等待,抱有太多不切实际的希望和幻想,而应想方设法将工作圆满完成。

企业发展需要全体成员的共同努力。你、上司和所在部门是三位一体的,帮助上司解决问题等于是帮助你的部门,最终受益的肯定也是你自己。有付出一定会有回报!我们要站在以工作和团队发展为重的立场上,设身处地为上司分忧,替他们着想。在上司遇到困难时要予以谅解,并主动伸出援助之手。不过你的措辞和表达方式一定要特别注意。

2. 将问题与解决方案一起提交

读一读

做广告文案的苏姗最近很头疼,她每次把做的广告文案拿去给老板看,他都持否定态度,但从来不指出具体的理由。久而久之,老板的挑剔让苏姗觉得自己是个没有才华与能力的人,渐渐失去了对工作的兴趣。但苏姗是个从不服输的人,她积极调整了自己的心态。不久,她接手了一个广告后,精心地准备了三套方案,在这三个侧重点不同、宣传风格迥异的方案中,苏姗把自己的视角调整成了一个挑剔者,几个通宵的挑灯夜战过后,虽然面对着提交的方案,老板还是摇了摇头,但当苏姗说出最后的思路——把三份方案的亮点结合在一起时,他的笑意也渐渐浮现出来。

小思考

苏姗的上司为什么露出了微笑?

....
....
....

从这个例子不难看出,在遇到挑剔的上司时,你不妨在提出问题的同时将解决的方案也一并提出供他参考,这样才能让上司感受到你是真心想要解决工作中遇到的问题,不是在挑刺。当然如果你在出具方案的过程中发现有其他一系列问题,也需要经过充分调研并做分析后再行指出,避免随意性。只有这样上司才会认为你是一个做事周详、见解独到的员工。作为一名称职、有上进心的员工应该非常熟悉和了解相关的业务知识,并且时刻保持良好的心态,这样才能确保开展工作时得心应手。一些工作所需的知识与学校所学的书本知识有很大差异,你需要在工作中不断地学习。另外,如果老板感觉到你总是能圆满地完成任务,总是能很快掌握住新技能的话,相信你在他的心目中肯定会占有一席之地的。

三、不可不拘小节

有许多刚开始工作的人,为了能让别人注意自己,特别是希望顶头上司对自己印象深刻,于是常常创意独特,做出一些与众不同的表现,希望借此吸引更多人的视线,不料"聪明反被聪明误",反而招来别人对自己的非议。当然,让上司对自己产生好感这样的想法是好的,但关键是要掌握恰当的表现方法,讲究一些表现技巧,这样才能让别人接纳你,并让上司对自己产生好感。因此,我们应该注意以下几个方面。

1. 穿着要得体大方

外表是给人的第一印象,得体的装束会让人倍感自信。作为兼职人员或实习生,公司也许对着装没有强制要求,但我们决不能放松自己,要时时刻刻把它作为规则来提醒自己,让自己尽快融入整个团队中。

2. 上班尽量提早一点

也许自己所在的单位,对迟到考勤方面没有什么特别的要求,但我们决不能随便放松自己,每天不是迟到就是早退,并总认为没人注意到自己的出勤情况。其实不然,员工在公司的一举一动,上司可都是睁大眼睛在瞧着呢!如果你每次上班总能提前几分钟到公司,你的上司就会认为你非常重视这份工作。

3. 工作时不做无聊事

读一读

小李去某公司实习,初入公司对各方面还不熟悉,老板也没有安排具体的工作,小李觉得很无聊。好在公司办公环境不错,每人桌上一台电脑,可以通过上网对外联络。小李想:"反正闲着也是闲着,我上 QQ 看看同学们在干什么吧。有事我也不会耽误的。"一天,两天……同事们对她还是客客气气的,小李以为没事。一天,老板把她叫到了办公室,和她说:"……"

小思考

老板和小李说什么了?
....
....
....

初进单位的人,特别是实习生,由于一开始不适应工作时间和工作节奏,或者老板没有分配具体的工作内容,因此常常会觉得无事可做,会有刚刚上班就盼望下班的念头,在工作时常常发短信或上网聊天。不要以为老板没看见你就可以偷懒,他可是在别的地方盯着你呢。老板尤其忌讳工作中的闲聊,不但影响你个人的工作进度,还有可能会把你牵扯到公司的"帮派"中去,给自己带来不必要的困扰,招来上司的责备。注意了这些,你就能树立起一个专业人员的形象,你的整个职业生涯发展也将受益匪浅。

4. 学做备忘录

俗话说:"好记性不如烂笔头。"我们要学会做备忘录。我们不妨在上司讲话的时候,排除一切杂念,专心聆听,细心揣摩,做一些必要的记录。在他讲完后,可以稍思片刻,也可问一两个问题,真正弄懂其意图。切记,上司不喜欢那种思维迟钝、需要反复叮嘱的人,应当大事做于小、做于细、做于勤。

5. 做事要坚决果断

许多人在刚开始工作时,因为怕做错事情或者承担责任,而表现得畏首畏尾,不敢发表意见;遇到自己非要做的事情时,又表现得犹豫不决或过度依赖他人意见,那你就只有做好一辈子当"小兵"的准备了。因为企业通过创新才能发展,而创新需要那些做事坚决果断而不是莽撞行事的人才能实现,老板需要的是这样的人才。

妥善处理好和上司的关系,始终牢记上下级关系原本就是一种不平等的关系。美国著名的职业指导专家鲍勃·温斯坦曾说过一句十分令人感触的话:"任何人都有可能被对方换掉,只是雇员比上司的可能性更大。"在职场中,不同的角色起着不同的作用,最重要的是你要认清自己的角色,扮演好自己的角色,不要受角色之外的因素影响。如果你把家庭中的角色和读书时的角色带到职场中来,要求上司像父母或老师一样对待自己,那是很可笑的。学习和上司的相处之道是一个艰难甚至痛苦的过程,但这也是一个年轻人学会放弃、学会忍让、学会服从、走向成熟的过程。

我思我悟

与上司和睦相处要掌握哪些要领?
....
....
....

画龙点睛

上司无论在经验上,还是在人际关系上,都有值得你学习的地方。切忌自认为比他强,为什么他是领导,而你只是他的下属。作为员工,应当虚心求教,尊重和配合你的上司。

技能训练

(1) 你和上司一起参加某个宴会,你对酒精过敏,但上司硬要你喝,该如何应对?
....
....
....

(2) 假如需要紧急决定是否去参加一个展览会,这时已经来不及向上司汇报,作为经办人你该如何处理?

....
....

(3) 如果你有一份工作计划要作出报告,但并不太急,只需你在当天内完成。你会选择什么时候递交呢?

....
....
....

第三节
同事间和谐相处有奥妙

人在职场,不要以为赢得上司信任就可以春风得意了,还要懂得如何与同事相处。在同一个单位共事,就是同舟共济的伙伴,相处融洽就能相得益彰,共同进步,工作也更得心应手。反之,与同事不和,甚至气氛紧张,除了影响工作也同样影响身心健康。搞好同事关系也是一门学问,而老师就是我们自己,只有自己在现实中不断摸索,才能找到规律。

读一读

琪琪和敏敏同时分到某公司实习,琪琪自认为是高材生,总觉得自己是大材小用,公司分配下来的小事情不肯去做,对办公室里的同事也是看不顺眼。而敏敏手脚勤快,有求必应,从打字复印到帮客人端茶送水,最基本的小事都做得有滋有味。最后只有敏敏被公司留用了。

小思考

琪琪为什么会失败?

....
....
....

一、人和万事兴

1. 虚心向前辈求教

各行有各行的规矩,办公室里也一样。新进人员无论能力多强,都要学会"夹着尾巴做人"。凡事从最基本的开始做起,不要有怨言,不管先来的同事能力如何,至少人家的经验比你丰富,所以你应该向前辈虚心求教,同他们和睦相处。

2. 避免不友好的事论

中国是一个礼仪之邦,讲究以和为贵。同事之间由于经历、立场等方面的差异,对同一个问题的看法往往不同,会引发一些争论,一不小心就容易伤到和气。因为每个人接受新观点都需要一个过程,主观上往往还伴有"好面子"、"好争强夺胜"的心理,一开始可能彼此之间谁也难说服谁,此时如果过分争论,就容易激化矛盾而影响团结。因此在处理这些矛盾的时候,你第一个想到的解决方法应该是和解,争取积极主动和对方沟通,真诚善待对方,努力寻找共同点,求大同存小异;实在不能达成一致时,也不要刻意掩盖矛盾,不妨冷处理,表明"我不能接受你们的观点,我保留我的意见"的态度,让争论淡化,又不失自己的立场。与同事和睦相处不是一件容易的事,但也不是很难的事,只要你以发自内心的微笑,抱着真诚好学的态度和大家共事,一定会赢得大家的好感。千万记住,和谐的同事关系能让你和你周围同事的工作和生活都变得更简单、更有效率。

3. 严于律己,宽以待人

闲时莫论他人是非,因为这是最容易与他人产生矛盾的。每个人都有很强的个体意识,都有自己为人处事的行为方式和习惯,所以与同事相处,一方面对自己要严格要求,不能随意评价他人;另一方面待人要和蔼、友善、平易近人,有工作主动抢着干,不能斤斤计较。同时要多宽容和理解同事的行为,出于对同事的善意,有的问题可以私下沟通,同样自己也要正确对待同事对自己提出的问题和意见,也许从主观上你不能认同,但也要学会反思,想想别人为什么会认为你自身存在这样的问题。

二、距离产生美

要想拥有和谐的同事关系,还必须记住一句话:"距离产生美。"有时缺点就如同脸上的青春痘,近看一目了然,而十米之外就很难看出来。每天和你在一起相处时间最长的人是谁?不是你的亲人,也不是你的朋友,而是你的同事。

读一读

葛菲和顾俊是杰出的羽毛球运动员。在1996年3月至1999年间,她们的"女双配对"在国际赛场中从未失手,连胜了一百场左右。虽说她们的特长和球风各不一样,但那种默契的配合令人叹为观止、难以逾越。可有谁想到,这号称"东方不败"的拍档,虽然场上共同训练了十几年,但在场外却私交甚少。原来,不论在国内,还是在国外,葛菲和顾俊从不住在一起,这是教练特地为她们作出的安排。葛菲回忆说:"两人在一起的这么多年里,私下只一起吃过一次饭,那还是在悉尼奥运会之前,教练把我们约出来一起谈谈的时候。"

小思考

这对超级黄金组合私交甚少,但在赛场上战无不胜的原因在哪里?

....

....

....

1. 与同事不能过分亲密

同事之间是职场一起打拼的同僚,尽管会一起经历或漫长或短暂的时间,但假如过于亲密,有时候反而会影响各自在公司里的发展。因此,跟同事再亲近,也不能亲密无间,只做一般的朋友即可,不宜像知己密友一样,被对方知悉自己的隐私。同事,正如字面意思,是同在一处做事的人,你不能对同事有过高的期望值,否则容易惹麻烦,容易被误解。过分亲密无间的人际关系会令人变得自私而狭隘;对人过分热情会在无形中给对方带来压力,甚至让人产生怀疑和反感;而过分暴露自己的隐私或者随便打探别人的隐私都是极不道德的、令人厌恶的。有的员工喜欢结交朋友,或者个性很好,具有一定的吸引力,身边总是围绕着好几位同事。如果大家在单位里也表现得过于亲密,就会被老板察觉,并可能引起怀疑,而拉帮结派的小团体在职场中往往是不受欢迎的。

2. 堂堂正正做自己

不少初入职场的新人都有类似的苦衷:为了能早日融入所在的团队而刻意改变自己去适应别人,想让每一个人都喜欢你,久而久之,把自己弄得很累效果却不好。其实,你只管认认真真工作、踏踏实实做人,不必希望团队里的每一个人都认同和接受你,因为每个人的个性和喜好都不同,只需要大多数人接纳和喜欢你就足够了。你只要真心诚意地关心同事,平时细心地体察同事的需求,时时抱着善意和助人的心态待人,自然就会受到大家的欢迎。因此,在人际交往中要把握好一个"度",要学会为别人也为自己留有余地,不能公私不分。和同事保持适当的距离,会使你的工作更加得心应手。

三、敢于承受失败

生活中,我们每天都在尝试;尝试中,我们走向成功,或是品尝失败。失败是痛苦的,要承认自己失败总是难以启齿,甚至会担心被别人当成是笑话而深埋在心里,终日郁闷不欢。但失败并不是一件坏事,古人云:"天将降大任于斯人也,必先苦其心智,劳其筋骨,饿其体肤。"只有经过失败的洗礼,才会逼人深省、促人成长。当把失败作为一种强大的追求上进的动力时,它就有了极其珍贵的价值。

读一读

杂技团来了个新的弟子,师傅从走钢丝开始教徒弟。这个弟子在练习的时候,总是没走几步就掉下来,反复练习还是如此,最后沮丧地坐在地上不起来,师傅走了过来,拍拍弟子的肩膀说:"掉落,是走稳的先决条件。"弟子闻言,又重新爬上去练习。师傅在旁叮咛着:"走,不停地走,直到你忘了那条钢丝的存在,忘了掉落这件事,你就算真正学会了。"

小思考

师傅的话中包含着哪些真理?
....
....
....

对于失败,有人选择逃避,变得自卑、焦虑;有人选择奋起直追,挑战命运。古时候,有勾践卧薪尝胆,终于从失败走向成功。而现代社会的职业竞争日趋激烈,就业压力也越来越大,年轻人要适应这样的社会环境,必须培养对于失败和挫折的心理承受能力。培根曾经说过:"好的运气令人羡慕,而战胜厄运则更令人惊叹。"能够承受失败和挫折的心理压力、不断完善自我的人必然是现代社会职业竞争的胜者。

1. 发现自身价值

在遭遇失败和挫折后,一般人最直接的反应就是恼怒和沮丧,情绪紊乱,产生巨大的心理压力,怕别人抓住你的失误或疏漏大做文章。其实,你可以换一个角度来思考问题。不妨把所有的苛责和评论都看成是关注你的表现,是你潜在的自身价值引起他人的评价。因为,如果你在他人心目中无足轻重,别人就会对你不屑一顾,无视你的存在,任你自生自灭。

2. 树立必胜的信心

英国著名的哲学家罗素说过:"遇到不幸的威胁时,认真而仔细地考虑一下,最糟糕的情况可能是什么? 正视这种不幸,找到充分的理由使自己相信,这毕竟不是多么可怕的灾难。"

罗素的话,并不是要人们鲁莽地对待失败和挫折,而是希望人们树立战胜困难的信心,坚强地对待失败和挫折。坚强的人不会害怕困难,反而能够高度重视遭遇的失败和挫折,冷静地分析失败的原因,理智地寻找避免失败的途径。

3. 作出明智的估算和选择

当你遇到失败和挫折的时候,首先要估计自己失败和挫折的影响和损失有多大。千万不要低估问题的严重性,否则当你去挽回局面时,就会感到准备不足。其次,当你经历一次失败或挫折后,在情绪完全恢复前,不要去尝试一下子解决所有问题,要挑一件力所能及的事着手去做,每次只迈出一小步,增加成功的概率。最后,改变那些可以改变的,接受那些不能改变的,重新审视、评估自己的目标和行为。

"胜败乃兵家常事。"人生总是有起有落,失败了并不可怕,可怕的是经不起失败,面对失败惊慌失措、丧失自信,怀疑自己的能力,嫉恨别人比自己强。如果在经历了失败后,能冷静分析自己的优势与劣势,扬长避短,以豁达的心态实事求是地对待自己,失败本身也就变成了一种财富,其中蕴含着成功。在这个世界上优秀的人比比皆是,确定了自己的目标踏踏实实走下去,提高综合素质,超越自己,你的人生一定会绽放出光彩。

> **读一读**
>
> 有人问一位智者:"请问,怎样才能成功呢?"智者笑笑,递给他一颗花生:"用力捏捏它。"
>
> 那人用力一捏,花生壳碎了,留下花生仁。
>
> "再搓搓它。"智者说。
>
> 那人又照着做了,红色的花生皮被搓掉,只留下白白的果实。
>
> "再用手捏它。"智者说。那人用力捏着,却怎么也没法把它毁坏。
>
> "再用手搓搓它。"智者说。当然,什么也搓不下来。
>
> "虽然屡遭挫折,却有一颗坚强的百折不挠的心,这就是成功的秘密。"智者说。

> **小思考**
>
> 这则故事给了我们什么启发?在日后的工作中你将如何走向成功?
>
> ....
> ....
> ....

四、做好职业规划

职场的赢家,往往是职业目标明确,又善于努力学习,能够扬长避短,积极追寻机遇的人。职业目标的确立是你走向职业生涯的关键性决策,树立什么样的职业目标,是你能否顺利实现从校门走向职场的重要一步。

职业目标是什么?怎么定?我的具体目标是什么?这是每一个从校门走向职场的人,都会自然而然碰到的问题。列出你的职业目标,以及你走向这些职业目标的具体安排,不要只抱持过于理想而且空泛的职业期望,诸如高薪、高职位,而要列出更具体的、能胜任的职业岗位,确立你能从低向高不断奋斗的职业目标。

> **小思考**
>
> 你的职业目标是什么?
>
> ....
> ....
> ....

1. 职业目标的内涵

职业目标是指个人在选定的职业领域内未来时点上所要达到的具体目标,包括短期目标、中期目标和长期目标。

2. 实现职业目标的具体措施

"一个人没有目标,就不可能有实际的行动,更不可能获得实际的结果。"求职的过程也是如此。想要应对自如地驰骋职场,就必须树立一个客观、实际的职业目标,并为之做出实实在在的行动与努力,才能切实地接近并实现这个目标。

(1) 做好长期目标下的短期和中期目标

一般来说,对于自己的职业目标首先要根据个人的专业、性格、气质和价值观以及社会的发展趋势确定一个长期目标,然后再把这个长期目标具体细化,根据个人的经历和所处的组织环境制定相应的短期目标和中期目标。短期目标要有可达到性,中期目标则要建立在短期目标都能够实现的基础上,切忌不能让自己的目标变成"空中楼阁"。

(2) 持续的学习与提升

学习与提升是实现职业目标的关键,无论是在校学习新知识、参加培训课程,还是通过工作学习技能,都要能够从学习中学会举一反三,逐步提升自己。同时还可以通过阅读行业相关的书籍、参加行业内的交流活动等方式拓宽自己的视野,保持对行业动态的敏感度。

(3) 积累实践经验

除了理论学习,积累实践经验也是实现职业目标必不可少的一部分。通过完成学校安排的实习项目或者在工作中积极参与各项任务,提升自己的实操能力和解决问题的能力,同时实践经验也是展现自己能力的有效途径,能够为自己的职业发展增加更多的机会。

(4) 保持积极的心态

职业发展是一个长期的过程,难免会遇到各种困难和挫折,但只要能保持积极的心态,相信自己的能力和潜力,坚持不懈地努力,相信每个人都一定能够实现自己的职业目标。

我思我悟

我的收获与感悟:

画龙点睛

爱人者,人恒爱之;敬人者,人恒敬之。要懂得维护别人的自尊心,真诚对待别人。

技能训练

(1) 你是一位实习生,同事对你较冷淡,你如何尽快融入他们呢?

(2) 当你知道了同事的隐私,你如何处理?

(3) 有同事向你借钱,你会借给他吗?

本章回顾

1. 在求职过程中,要注意自己仪表的修饰,保持自我本色;言行举止处处显示你良好的品质、修养;准备一份出色的简历,才能脱颖而出,并要记得有始有终。

2. 在工作中,要谦虚求教于领导,并要时时提高自己的学识、积累经验,为领导出谋划策,提升自己在领导心目中的地位。

3. 每天和同事相处,不可打探别人的隐私,保持适当距离才可能与别人和睦相处;让我们学会承受失败,才能不断成长、走向成功。

本章练习

一、选择题

(1) 以下哪项不属于面试前应做好的准备?(　　)
　　A．适应场合的得体穿着　　　　B．夸张亮眼的配饰
　　B．整齐大方的发型　　　　　　D．干净清爽的指甲

(2) 一份优秀的简历应注重以下哪些要素?(　　)
　　A．内容越详细越好　　　　　　B．突出自己的能力
　　B．经历要真实　　　　　　　　D．使用书面语言

(3) 面试时,你的行为举止表现要(　　)。
　　A．微笑自信　　B．落落大方　　C．彬彬有礼　　D．不骄不躁

(4) 面试结束后还需做些什么?(　　)
　　A．表达谢意　　　　　　　　　B．耐心等候
　　C．调整心情　　　　　　　　　D．总结经验

(5) 网络面试要注意哪些要点?(　　)
　　A．熟悉网络面试操作流程　　　B．选择适宜的网络环境
　　C．谈吐礼貌　　　　　　　　　D．举止得体

二、简答题

1. 如果你是一位刚刚进入职场的新人,你会如何与同事及领导相处呢?

....
....
....

2. 请为自己设定一个职业目标,并与大家分享你认为要达到目标所需的具体措施。

....
....
....

三、测一测

你是一个受欢迎的人吗?在下列题目中,如果该项内容自己做到了,就在后面的括号内打"√",若没做到则打"×"。

(1) 热心班集体活动,对工作负责,总是为班级荣誉而战。(　　)
(2) 学习努力,要求上进,能虚心学习别人的长处。(　　)
(3) 有了过失能勇于承认,能接受别人的意见,并及时修正。(　　)
(4) 待人有礼貌,尊敬师长,言而有信。(　　)
(5) 别人取得成绩,你会为他高兴;别人有苦恼,你会安慰他。(　　)
(6) 批评同学总是善意的,不会在同学面前炫耀、显示自己的自命不凡。(　　)
(7) 你总是非常关注电视和报纸上的社会新闻。(　　)
(8) 你非常热心于公益事业。(　　)
(9) 你会与朋友谈论一些他们感兴趣的话题,即使这些话题你并不感兴趣。(　　)
(10) 能遵守校纪校规,在考试中做到诚信、不作弊。(　　)
(11) 兴趣广泛,风趣幽默、机智果敢。(　　)
(12) 仪表整洁、爱护环境。(　　)

自测题中肯定的回答越多,表明你越受大家的欢迎。

第七章
双赢解决冲突问题

本章引言

春天给了鲜花一扇门,
于是,在鲜花的争奇斗艳中,
大地填补了自己一整个冬天的寂寞;
黑夜给了星星一扇门,
于是,在星光的熠熠生辉中,
夜空融化了自己的冰清和肃穆;
清泉给了鱼儿一扇门,
于是,在鱼儿的惬意游弋中,
小溪增添了无限的生机和情趣……
常留一扇门,常存一片心,
"双赢"不是问题。

知识目标

1. 了解冲突产生的原因;
2. 列举冲突的不同形式;
3. 归纳解决冲突的方法。

能力目标

能用科学的方法管理自身情绪,解决日常生活学习中的冲突,让冲突变为双赢。

情感目标

学会尊重他人,尊重自己。

思维导图

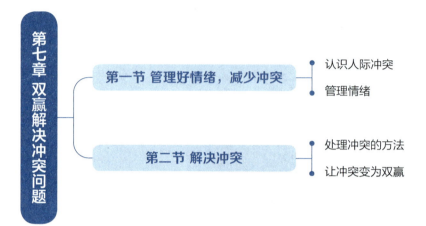

第一节
管理好情绪，减少冲突

这是一个沟通的时代，不是比声音高低与拳头强弱的时代。通过沟通，冷战落幕了；通过沟通，不流血的民主达到了；通过沟通，人际的冲突能平和地化解了。我们下面将学习如何通过沟通解决人际冲突；如何控制情绪；在什么情况下，话要怎么说，才会让我们的日常人际关系和谐、协调，从而达到合作双赢的最高境界。

一、认识人际冲突

读一读

王丽放学回来，见妈妈正在偷看她的信，就责问："妈妈，你怎么能看我的信？"没想到，妈妈不但不认错，反而振振有词："你是我身上掉下的肉，我要对你的成长负责啊！"王丽生气地说："你这样算对我的成长负责吗？"妈妈大声回道："你要是同坏人交上朋友怎么办？妈妈就是要了解你！监督你！"……

小思考

王丽妈妈的做法固然有问题，但王丽的沟通方式有没有问题呢？母女俩要如何才能避免争吵呢？

....
....
....

1. 冲突的概念

冲突是指在人与人的互动或者组织与组织的交往中，由于立场、利益的不同，出现不一致的意见与分歧，从而引发相互排斥、抵触、争执、对抗、战争等现象。

冲突不仅存在于人与人之间、群体与群体之间，还存在于民族之间、国家之间，只要存在思想观念、经济发展、文化水平等的差异，冲突就有可能产生。

首先我们要正确认识冲突产生的原因,才可以一定程度避免冲突,然后才能有效地解决冲突。

2. 冲突产生的原因

> **读一读**
>
> 有两位武士同时走入一片森林里,第一位武士在一棵树下看到金色的盾牌,第二位武士在同一棵树下看到了银色的盾牌,金盾牌、银盾牌,两个人为此争吵不休,甚至拔出剑来准备一决胜负。两人对峙了大半天难分胜负,当累得坐在地上休息时他们才发现,盾牌的正面是金色,反面是银色,原来这是一个双面盾牌。

这听起来好像是一个笑话,但我们从中看出了冲突发生的原因。

（1）信息沟通不良

同一种现象,因每个人掌握的信息不同、理解的方式不同,认识的结果往往容易造成冲突,如:学术观点的门户之争、派系之战。我们都熟悉《盲人摸象》的故事,同是一头象,有的人说像大柱子,有的人说像蒲扇,有的人说像绳子。之所以发生了争执,就是因为他们所站的角度不同,又不了解别人的立场,以致各执一词,以偏概全。

（2）对有限资源的竞争

例如你工作了,每月有了一定的收入,妈妈希望你把钱都存起来,作为以后生活的开销或作为创业基金,但是你却有不同的打算,你想存足够的钱以后,先买一台电脑,然后再买一只手机。在具有高度需要但却数量有限的资源情境中,通常会发生某种形式的冲突。实际利益分配的不协调或不公平,往往会导致利益分配者之间的直接冲突。

（3）追求的目标不一致

例如父母希望你进大学继续念书,爷爷奶奶则希望你赶快出去工作,而你既不想继续念书也不想马上工作,只想好好休息一段时间。不同的追求目标,导致了冲突的产生。

（4）归因

当我们碰到了一件他人对我们造成损害的事情,或发现他人对我们不诚实,我们就会想,这个人是无意这样做的,还是有意而为之。一旦察觉到对方不诚实就会引起我们的反感和愤怒,并会与他们发生冲突。

根据程度不同,冲突的形式可分为争议、口角、拳斗、械斗、战争。这些不同形式的冲突会破坏社会风气,扰乱社会秩序,造成经济损失。但另一方面,冲突也具有一定的积极作用。例如,争议形式的冲突有助于不同观点和情绪的发泄,还有助于建立新的关系,因而对待冲突的态度也就不是单方面地防止它的产生,而是应该采用正确的方法去处理它,使冲突得到圆满解决。本单元涉及的只包括解决人与人之间的冲突。

二、管理情绪

学过心理学的人都知道情绪是无法防堵的，当刺激出现或面临一个情景，相关的情绪就会随之而来，接着出现的就是相应的行为。情绪激动常使人丧失理智，在一时冲动之下做出误人误己的事。无法控制情绪是产生冲突的主要原因。

《三国演义》中的"三气周瑜"，就是由于激动导致意外事情的产生。周瑜才高气傲，心胸狭窄，诸葛亮就是利用他的这些弱点，在三次较量中一次次将其挫败。周瑜盛怒之下，连喊"既生瑜，何生亮"，最后导致旧伤复发吐血而亡。

所以我们在处理导致冲突的情绪时要正视它，保持冷静的头脑，把不良情绪的强度降到最低的限度，然后以合适的方式来疏解与管理，才能达到让冲突缓和、促成有效沟通的目的。

1. 情绪管理的内涵

情绪管理是指用正确的方式探索自己的情绪，然后调整自己的情绪、理解自己的情绪、放松自己的情绪。情绪管理是一项非常重要的社交技能，它对一个人的生活和职业发展都有着重要的影响。

2. 情绪管理的方法

（1）心理暗示法

心理暗示法是指个人通过语言、形象、想象等方式对自己施加影响的心理过程。一般可分为积极的自我暗示和消极的自我暗示。积极的自我暗示能使人保持好心情、乐观的情绪和自信心。消极的自我暗示会强化我们的弱点，唤醒自卑、懦弱、嫉妒等负面情形。每天早晨你默念：我身体很好，我一定会以很好状态投入学习，这就是积极的心理暗示，它会对你的学习状态能起到调节、推动的作用。而消极的自我暗示经常会出现在一个人生理感到不适或精神受到打击之后。不知为什么，"累"、"烦"这样的字眼会经常挂在一些人的嘴边。如果我们仔细观察就会发现，凡是爱说"压抑"、"痛苦"、"没劲"的人，通常情绪都比较低落，这就是消极心理暗示的结果。

像这样负面的用语不但束缚自己，也会影响别人。比如老板对自己的员工说"你这件事情没做好"时，把这句话换成"你觉不觉得这件事情可以再做得好一点？"或是把"你这样表现很差劲"的话语，换成"你还有更大的进步空间"，往往更能被员工接受，从而激励他把事情做好。有这样一个三国小故事：一次张飞带兵出去打仗，他们因为没有计划好而打了败仗。张飞让他们撤退，士兵们情绪不高。张飞说："我们不是撤退，只是换个方向前进。"大家一听，立刻抖擞精神："好，那就换个方向前进吧！"所以，改变说话的方式，杜绝渲染自己的痛苦和不快，可以让自己保持良好的情绪。

（2）注意力转移法

注意力转移法是指把注意力从会引起不良情绪反应的刺激情景转移到其他事物上或去从事其他活动的一种自我调节方法。当出现情绪不佳的情况，要把注意力转移到自己感兴趣的事情上，如看电影、阅读、听喜欢的音乐等，以此减轻你的不良情绪。

(3) 环境迁移法

无论是和同事还是和父母产生冲突时,还有一种好的方法就是离开冲突发生的物理环境,这样彼此分离会让彼此冷静,降低冲突的强度。

(4) 适度宣泄法

适度宣泄可以把不良情绪释放出来,从而使紧张的情绪得以缓解。可以去健身房打打沙袋,也可以去练歌房尽情歌唱,还可以在空旷的山野上大喊……需要注意的是,采取宣泄法时也需要增强自制力,不能在不适合的场所随便发泄自己的情绪,同时也要采取正确的方式,不能以伤害自己作为代价。

读一读

有个朋友在公司里的人缘很好,他脾气很好、待人和善,几乎没人看他生气过。

一次经过他家,我顺道去看他,却发现他正在顶楼对着天上飞过的飞机吼叫,便好奇地问他原因。

他说:"我住的地方靠近机场,每当飞机起落时都会听到巨大的噪声。后来,当我心情不好或是受了委屈、遇到挫折,想要发脾气时,我就会跑上顶楼,等待飞机飞过,然后对着飞机放声大吼。等飞机飞走了,我的不快、怨气也被飞机一并带走了!"

回家的路上,我不禁想:怪不得他脾气这么好,原来他知道如何适时宣泄自己的情绪。

小思考

我们应该如何来管理自己的情绪呢?你还有什么好的办法吗?

....
....
....

(5) 身体调节法

大家都知道,一个人高兴的时候,肯定会有高兴的动作,如手舞足蹈、展现愉快的笑容;而一个人不高兴的时候,则会垂头丧气、两眼无神。这证明一个人的心理状态会影响到身体状态。心理学上有一个很重要的发现,就是想要改变情绪,想要改变心理状态,最快的方法就是改变身体状态。例如,一个人到迪斯科舞厅跳了20多分钟舞,会很兴奋,这时你如果问他为什么这么高兴,他会说,跳舞当然高兴了。也就是说,没有发生任何特别的事情,人也可以很高兴,只要他做了使其高兴的动作。一个人的肢体动作可以创造情绪,这就是身心互动的原理。进一步说,要有愉快的情绪,先要有愉快的动作。要有愉快的动作,先要有强烈、夸张的表情、呼吸状态和走路方法。有的人会问该怎么做,大家不妨试试先假装出一副快乐的样子。怎样才能假装?你可以假想:"如果突然中了大奖我会怎样?"放一些节奏欢快的音乐,让自己做一些搞笑的动作,你可以让自己越来越开心。

另外一个通过身体调节来改变情绪的方法是呼吸法:采用腹部呼吸,将空气吸入下腹部丹田的位置,在不觉吃力的状况下吸满空气,让空气在体内停留数秒,然后慢慢将空气呼出,腹部随着空气的呼出而往内缩,持续约五秒钟后,再缓缓吸气……如此循环。

情绪管理本质上来说考验的是自制力,因而不论是在职场上,或是生活中面对情绪的起伏,都要用成熟的态度来处理。能够面对问题并及时处理自己的情绪,才能在快速变化的工作场合中应付自如。

读一读

约翰和马丽是一对恋人,这天两人约好到某餐厅吃饭。马丽准时到达,却不见约翰的踪影。等了半个多小时,打电话又没人接,马丽又生气又焦急,于是搭车到约翰家看看,没想到快到约翰家门口时,撞见约翰正和一位女孩走在一起……

小思考

如果你是马丽,你当时的情绪会怎样?你会怎么处理这件事情?

....
....
....

我们要正确认识冲突,管理好情绪,然后才能有效地解决冲突。

技能训练

(1)每天晨起时,回想一下昨天让你感恩或开心的事情,坚持一个月,感受自己的状态变化。

(2)每天走进校园前,默念"学习让我开心,我能高效完成作业",坚持一个月,感受一下你的状态变化,要注意这样的默念得包含你心里的信念,而不是敷衍了事。

第二节
解决冲突

天空有无尽的湛蓝,仍为白云留出了些许空间,于是蓝天满足了白云,白云点缀了蓝天;海洋有怒吼的波涛,仍为游鱼留下了些许空间,于是海水养育了游鱼,游鱼丰富了海洋。

冲突是客观存在的,也是不可避免的。认识到冲突有存在的合理性,就不要过于惧怕冲突,重要的在于有了冲突后要积极寻找解决的办法,不能任其发展,否则它带来的后果将会是消极的,具有破坏性的。那么,应该如何解决已经发生的冲突呢?

一、处理冲突的方法

在人际交往中,我们可能会做出各种错误的反应,去处理冲突,从而给我们人际关系带来许多负面影响。我们更要正确寻找解决冲突的方法,从而有效解决冲突。

1. 处理冲突的第一种方法——双方自行沟通

读一读

> 王斌是二年级学生会委员,性格外向,脾气大。他多次以自己的值日时间与学生会的事情有冲突为由不打扫班级卫生。某日,王斌又没打扫卫生,班级卫生委员当着同学的面儿对王斌进行了批评。王斌觉得自己委屈,卫生委员又没给他面子。于是他和卫生委员大吵了一架。

小思考

你认为该如何化解他俩的矛盾?

....
....
....

双方沟通是缩小冲突影响的最好手段,但是如果要想达到效果,需要双方首先平复情绪后再进行沟通。沟通前需要先问问自己:冲突为何产生? 假如站在对方的立场,自己可以理解对方吗? 我本身是否也有问题? 如果答案是肯定的,那么沟通可以继续;如果答案都是否定的,要双方通过沟通去解决冲突的可能性比较小,这时就要另寻他法。

2. 处理冲突的第二种方法——调解

调解是指由中立的第三方在当事人之间调停、疏导,交换意见,提出解决建议,促成双方化解矛盾的活动。调解需要借用第三方的力量,它适合于婚姻家庭、邻里纠纷、亲朋好友、同学之间,往往会达到事半功倍的效果。在上述案例中如果彼此双方难以自行沟通,可以寻求同学、老师作为第三方来调解。冲突的双方正在情绪中可能谁也不服气谁,这时由第三方来指出冲突双方的问题,可能更容易被冲突的双方所接受。

3. 处理冲突的第三种方法——妥协

读一读

星期日,壮壮的哥哥正在家里复习功课,隔壁房间里,壮壮正在听音乐,还把音量开得很大。哥哥敲了敲壮壮的房门,对他说:"把音响关小点,我正在复习功课,明天要考试!"壮壮正陶醉在音乐中,被哥哥这么一说,虽然不很高兴,但又一想:哥哥考试比我听音乐重要,再说我可以戴耳机听。于是,壮壮说:"对不起,影响你复习功课了。这样吧,我用耳机听,你把房门关上,我们就可以互不干扰了。"哥哥脸上露出了笑容。

小思考

这个案例说明了什么?

....
....
....

妥协是指双方在争议中都做出一定的让步,以达成双方都能接受的结果。妥协的关键是双方都要有所让步,不能一味地只坚持自己。妥协的结果不一定是完全理想的,但是可以避免当前的冲突进一步升级。

在现实中也会遇到只有一方妥协的情况,尽管妥协的一方看上去像吃了亏,但能够妥协也是一个人格局的体现,所谓"退一步海阔天空",就是这个道理。

对于上述处理冲突较为有效的处理方式,过程中都需要有效沟通。通过沟通,冲突双方才能互相尊重对方的意愿,认为双方对冲突都负有责任,并积极地寻找能让双方都满意的化解方式。

技能训练

请你按照这五个步骤对下面的情境进行角色扮演,并将你的想法填写在下面的横线上。

(1) 三军和孙明明因食堂排队发生了争执。1~3组扮演三军,4~6组扮演孙明明。

我的愿望是

因为

我认为对方的愿望是

因为

我建议这样解决冲突：

请与对方交流你的上述想法,并倾听对方的意见,选择一个解决冲突的方法：

我们决定这样解决冲突：

这个方法令双方都满意吗？（是/否）

练一练：请列举一个你成功解决冲突的事例（运用协商法）。在班里分享你的经验。

(2) 星期天老王和妻子上街买菜,路过一个商贩的菜摊前,不小心把她的西红柿碰到地上,还摔烂了两个……

请大家扮演不同角色处理这件事情。

二、让冲突变为双赢

1. 明确冲突的本质和利害关系

我们认识了解决冲突的方法,但我们更认识到解决冲突的过程就是解决问题的过程,做到双赢是我们追求的最高目标。

在处理冲突之前,第一,双方需要明确冲突的具体问题和各自的利益。只有明确了问题的本质,双方才能更好地寻求解决。第二,建立良好的沟通和理解。冲突往往源于双方的误解和沟通不畅,双方需要坦诚地倾听对方的观点和意见,理解对方的立场和需求。通过有效的沟通,可以减少误解和偏见,增加彼此的理解和信任。第三,寻找共同利益和共同目标。在冲突中,双方往往有不同的利益和目标。通过协商,可以找到双方的共同利益和共同目标,只有找到共同点,才能为双方提供一个合理、可行的解决方案。第四,开放式地提出解决方案。在协商过程中,双方可以提出各自的解决方案,通过充分交流和沟通,来做出调整以求更好的解决方案。第五,寻找折中的方案。在讨论解决方案的过程中,双方可能会出现分歧,这时双方需要以折中的方式来解决问题。折中并不是说双方都能得到完全满意的结果,而是在考虑到双方都有利的基础上选择一个双方都可以接受的解决方案。

> **读一读**
>
> 有两个人都想要厨房里仅剩的那一只橘子,该怎么办呢?切成两半?丢硬币碰碰运气?或让给最需要它的人?

当我们面对问题的时候,应该将整个情况做更深入的了解,找出更多可行的方案,最后再决定所采取的行动。像出现前面这种情况,我们进行处理的方案就应按以下四步展开。

第一步:了解双方的需要。

提问:你为什么要橘子?

甲回答:我口渴,想榨果汁喝。

乙回答:我想要用橘子皮做蛋糕。

第二步:找出彼此的共同点。

在这个例子中,两个人需要同一样东西,却有不同的用途,这并不令人意外。因为个性、目的及兴趣上的差异,每个人的需要也不尽相同。注意调查就能从差异中找到共同点。

第三步:是否有可行的办法。

在甲想喝果汁而乙想要橘子皮的情况下,答案是显而易见的,因为双方都可以从一只完整的橘子里各取所需。其实双赢的理念有时候非常容易完成。但假设情况不是这么单纯,两个人同时想要橘子,因为两个人都口渴时该怎么办? 这时就应该考虑平分橘子或采用其他的方法。

第四步:一起合作。

如果两个人都口渴而把橘子分成两半,就是类似一种折中的方式,使双方的关系得以维持或改善。我们应该尊重彼此的需要,寻求使人皆大欢喜的双赢之道。

2. 尊重自己与对方的价值观

> **读一读**
>
> 一位青年拜访年长的智者。青年问:"我怎样才能成为一个乐观开朗又能使别人快乐的人呢?"
>
> 智者说:"我送你四句话。第一句是:把自己当成别人。即当你感到痛苦、忧伤的时候,就把自己当作别人,这样痛苦自然就减轻了;当你欣喜若狂时,把自己当作别人,那些狂喜也会变得平和些。第二句话是:把别人当作自己,这样就可以真正同情别人的不

幸,理解别人的需要,在别人需要帮助的时候给予适当的帮助。第三句话:把别人当成别人,要充分尊重每个人的独立性,在任何情形下都不能侵犯他人的核心领地。第四句话是:把自己当作自己。"

青年问道:"如何理解把自己当自己,如何将四句话统一起来?"

智者说:"用你一生的时间、用心去理解吧。"

小思考

你是如何理解这四句话的?

3. 寻求创新、巧妙解决

读一读

从前,有两个饥饿的人得到了一位长者的恩赐:一根鱼竿和一篓鲜活硕大的鱼。经过谈判,其中一人得到了那篓鲜活的鱼,另一个人得到了一根鱼竿。得到鱼的人原地用干柴搭起篝火煮起了鱼。他狼吞虎咽,连鱼带汤吃了精光,可是很快篓里的鱼都被他吃光了,最后他便饿死在空空的鱼篓旁。另一个人则拿着鱼竿继续忍受着饥饿,一步一步艰难地向海边走去。当不远处的那片蔚蓝色的海洋出现在眼前时,他最后一点力气也用完了,于是他只能眼巴巴地带着无尽的遗憾撒手人寰。

又有两个饥饿的人,他们同样得到了长者恩赐的一根鱼竿和一篓鲜活硕大的鱼。只是经过谈判,他们并未各奔东西,而是商定一起去找寻大海,他俩每次只煮一条鱼共同分享。经过长途跋涉,他们来到了海边。两人从此开始了以捕鱼为生的日子。

几年后,他们盖起了房子,有了各自的家庭,有了自己建造的渔船,过上了幸福安康的生活。

小思考

从这个故事中你得到什么启发呢?

这个故事说明了什么呢？正如今天我们搞企业、发展经济,不一定什么事情都非要我吃掉你,你吃掉我。企业兼并、重组都是为了达到双赢。商场上,今天的竞争对手,说不定今后就是你的合作伙伴。不一定要把关系都搞僵,各自后退一步,也许就海阔天空,跟战场上打仗一样,不战而胜才为上。在商场上不要把弦都上得太紧,要留有余地,要站得高、看得远。在很多情况下,说是"让利",实际上不是,而是共同取得更大的利益,是双赢。人与人的相处也是如此,不能过度强调自身利益而忽视他人利益,也不能只顾眼前利益而忽视长远利益。

双赢的理念能够创造伙伴,而非树立对手。寻求让每个人都获得满足的方法,不仅有助于事业上的成功,更能丰富人生。

双赢理念包含了积极的心态,也是一种成功的策略,不必牺牲自己来成全别人,因为它以互惠为前提,从而找出解决冲突的方法。

> **双赢之道**
> 定义出每个人的需求,尽量满足每个人的需求;
> 尊重自己与对方的价值观;尽量客观,对事不对人;
> 平等待人,不要施加压力;力求创新与巧妙的解答;
> 对事坚持,对人温和。

技能训练

两人一组(如 A 与 B),A 先闭上眼睛,将手交给 B。B 可以虚构任何地形或路线,口述注意事项指引 A 行进,如:"向前走……迈台阶……跨过一道小沟……向左拐……"

然后交换角色,B 闭眼,A 指引 B 走路。大家谈谈感受,分析成功或失败的原因。

我思我悟

我的收获与感悟:
....
....
....

画龙点睛

双赢是有效解决冲突的一种方式。

本章回顾

本章讲述了双赢解决冲突的基本方法和技巧。首先我们要认识冲突,并理解冲突是人际交往中不可避免的,重要的是要管理好情绪,让冲突冷化。常用到解决冲突的处理方法有退缩、攻击、调解、协商。协商是最为有效的一种。解决冲突的过程就是解决问题的过程,达到双赢是我们追求的最高目标。双赢是一种成功的策略,是有效解决冲突的一种方式。

本章练习

一、填空题

1. 解决冲突时,每个人都赢的技巧:了解每个人的需求、找出解决方案、_____、寻求创新、巧妙解决。
2. 处理冲突的有效处理方式有_____、_____和_____。
3. 双赢是一种有效解决_____的方式。

二、测一测

1. 你是否善于处理日常关系?请回答下面的问题。

(1) 一位朋友邀请你参加他的生日。可是,任何一位来宾你都不认识,(　　)。

　　A. 你借故拒绝,告诉他说:"那天已经有别的朋友邀请我了。"
　　B. 你愿意早去一会儿帮助他筹备生日
　　C. 你非常乐意去认识他们

(2) 在街上,一位陌生人向你询问到火车站的路。这是很难几句话就讲清楚的,况且你还有急事,(　　)。

　　A. 你让他去向远处的一位警察打听
　　B. 你尽量简单地告诉他
　　C. 你把他引向火车站的方向

(3) 你表弟到你家来,你已经有两个月没有见到过他了。可是,这天晚上电视里会播放一部非常精彩的电影,(　　)。

　　A．你把电视开着,与表弟谈论

　　B．你说服表弟与你一块看电视

　　C．你关上电视机,让表弟看你假期中的照片

(4) 你父亲给你寄钱来了,(　　)。

　　A．你把钱搁在一边

　　B．你买一些东西:一幅油画、一盏漂亮的灯,装饰一下你的卧室

　　C．你和你的朋友们小宴一顿

(5) 你的邻居要看电影去,让你照看一下他们的孩子。孩子醒后哭闹起来,(　　)。

　　A．你关上卧室的门,到餐厅去看书

　　B．你看看孩子是否需要什么东西。如果他无故哭闹,你就让他哭去,终究他会停下来的

　　C．你把孩子抱在怀里,哼着歌曲哄他入睡

(6) 如果你有闲暇,你喜欢干些什么? (　　)

　　A．待在卧室里听音乐

　　B．到商店里买东西

　　C．与朋友一起看电影,并与他们一起讨论

(7) 当你周围有同事生病住医院时,你常常是(　　)。

　　A．有空就去探望,没有空就不去了

　　B．只探望同你关系密切的

　　C．主动探望

(8) 在你选择朋友时,你发现(　　)。

　　A．你只能同你趣味相同的人友好相处

　　B．与兴趣、爱好不相同的人偶尔也能谈谈

　　C．一般说来你几乎同任何人都合得来

(9) 如果有人请你去玩或在聚会上唱歌,你往往(　　)。

　　A．断然回绝

　　B．找个借口推辞掉

　　C．欣然应邀

(10) 对于他人对你的依赖,你的感觉如何? (　　)

　　A．避而远之,我不喜欢结交依赖性强的朋友

　　B．一般来说,我并不介意,但我希望我的朋友们能有一定的独立性

　　C．很好,我喜欢被人依赖

说明:选择A得0分,选择B得1分,选择C得2分。

分数为 13～20 分:你能非常积极地处理日常关系,是一个非常受别人欢迎的人。

分数为 7～12 分:你处理人际关系不够积极主动,是属于被动型的交往对象,不太受到别人的欢迎。

分数为 0～6 分:你处事太冷淡,很难进行有效的人际交往,需努力改正。

2. 请回答下列问题,自测一下处理问题的能力。假如题中所出现的情况对你来说尚未发生过,则按你将来会处理那些问题时的方法去选择。

(1) 生日、结婚、纪念日等,这些看来你不可避免要花钱的时候,(　　)。

　　A．告诉对方不要通知自己这些事,这样便可以不买礼物了

　　B．只送礼物给那些被你认为是重要的人

　　C．经常收集一些小的或比较奇特的礼物来应付这些情况

(2) 你和别人发生矛盾或纠纷,不得不诉诸法律时,(　　)。

　　A．上法庭的焦虑和不安使你失眠了

　　B．暂时把它忘却,到出庭时再设法去应付

　　C．这是人生中难免要发生的事件之一,并不怎么重要

(3) 你房间里的家具因水管漏水被损坏时,(　　)。

　　A．你非常不快,口口声声地抱怨着

　　B．你想借此不交房租,并写了批评信

　　C．你自己擦洗、修理,使家具复原

(4) 你和邻居发生了争执,而毫无结果时,(　　)。

　　A．靠喝酒来解闷,把它忘了

　　B．请来律师,讨论怎样诉讼

　　C．出外散步来平息你的愤怒

(5) 你的能力得到承认,并得到了一个重要工作时,(　　)。

　　A．想放弃这种机会,因为这种工作的要求太高

　　B．怀疑自己能否承担起这项工作

　　C．仔细分析这项工作的要求,做好准备设法把工作干好

(6) 你的亲人在事故中受了重伤,当你得知这个消息时,(　　)。

　　A．需要通过服用镇静药物来度过以后的几小时

　　B．抑制住自己的感情,因为你还要告诉其他亲友

　　C．听到消息便失声痛哭

(7) 当你感觉身体不舒服时,(　　)。

　　A．拖延着不去就诊,认为慢慢会好的

　　B．自己诊断一下便知得了什么病

　　C．鼓足勇气,把这种情况及时告诉家人,然后去医院检查

说明:选择A得0分,选择B得1分,选择C得2分。

分数为8~14:你有较强的处理问题的能力,能自如地应对生活中的各项事务。

分数为4~7:你能处理一些常见的问题,但缺乏积极的沟通能力。

分数为0~3:你缺乏处理问题的热情,不善于沟通,需积极调整自己。

3. 测一测你控制情绪的能力。

(1) 你时常怀疑别人对你的言行是否真的感兴趣。(　　)
　　A．是的　　　　　　　　B．不太确定　　　　　　　　C．不是的

(2) 你神经脆弱,稍有一点刺激你就会战栗起来。(　　)
　　A．时常如此　　　　　　B．有时如此　　　　　　　　C．从不如此

(3) 早晨起来,你常常感到疲惫不堪。(　　)
　　A．是的　　　　　　　　B．不太确定　　　　　　　　C．不是的

(4) 在最近的一两件事情上,你觉得自己是无辜受累的。(　　)
　　A．是的　　　　　　　　B．不太确定　　　　　　　　C．不是的

(5) 你善于控制自己的面部表情。(　　)
　　A．是的　　　　　　　　B．不太确定　　　　　　　　C．不是的

(6) 在某些心境下,你会因为困惑陷入空想,将工作搁置下来。(　　)
　　A．是的　　　　　　　　B．不太确定　　　　　　　　C．不是的

(7) 你很少用难堪的语言去刺伤别人的感情。(　　)
　　A．是的　　　　　　　　B．不太确定　　　　　　　　C．不是的

(8) 在就寝时,你常常(　　)。
　　A．不易入睡　　　　　　B．不太确定　　　　　　　　C．极易入睡

(9) 有人冒犯你时,你会(　　)。
　　A．不露声色
　　B．不太确定,可能不露声色,也可能说给别人听,以泄己愤
　　C．总要说给别人听,以泄己愤

(10) 在和人争辩或险遭事故后,你常常感到心悸,筋疲力尽,而不能继续安心工作。(　　)
　　A．是的　　　　　　　　B．不太确定　　　　　　　　C．不是的

(11) 你常常被一些无谓的小事所困扰。(　　)
　　A．是的　　　　　　　　B．不太确定　　　　　　　　C．不是的

(12) 你宁愿住在嘈杂的闹市,也不愿住在僻静的郊区。(　　)
　　A．是的　　　　　　　　B．不太确定　　　　　　　　C．不是的

(13) 未经医生许可,你是从不乱吃药的。(　　)
　　A．是的　　　　　　　　B．不太确定　　　　　　　　C．不是的

说明:选择 A 得 0 分,选择 B 得 1 分,选择 C 得 2 分。

分数为 16~26 分:你时常被紧张情绪困扰,缺乏耐心,心神不宁,过度兴奋;时常感觉疲乏,又无法摆脱以求宁静。在集体中,对人和事缺乏信念。每日生活战战兢兢,不能控制住自己。你可以认真分析一下导致心理紧张的原因,如果是外来的,要设法克服;如果是内在的,就应学会"忙里偷闲",培养多方面的兴趣,使自己绷紧的神经放松下来。

分数为 9~15 分:你紧张度适中,有利于完成自己的学习或工作任务,生活充实;偶有高度紧张之感,可积极加以控制和调节。

分数为 0~8 分:你心平气和,知足常乐,能保持内心的平衡。但有时过分疏懒,缺乏进取心。你要提高自己的进取心,不能过分安于现状。